AF453330

LE

MUSÉE EUROPÉEN

LE

MUSÉE EUROPÉEN

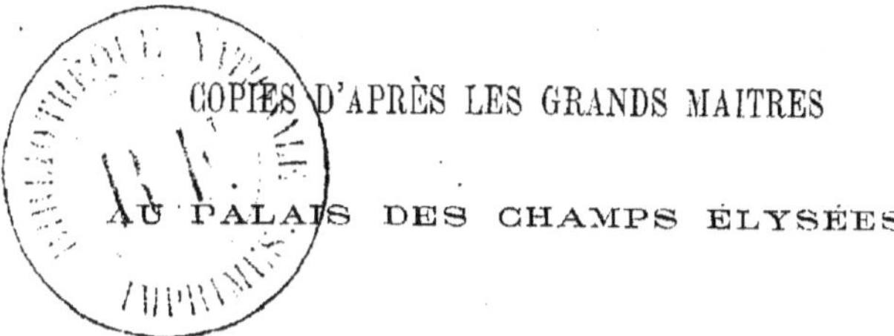

COPIÉS D'APRÈS LES GRANDS MAITRES

AU PALAIS DES CHAMPS ÉLYSÉES

PAR

LOUIS AUVRAY

STATUAIRE

Directeur de la *Revue artistique et littéraire*.

PARIS

LIBRAIRIE RENOUARD

HENRI LOONES, SUCCESSEUR

Éditeur de l'Histoire des Peintres

6, RUE DE TOURNON, 6

1873

PRÉFACE.

A chacune des expositions des envois de Rome nous nous disions : Pourquoi donc l'Administration des Beaux-Arts n'utilise-t-elle pas les copies que lui envoient tous les ans ses pensionnaires peintres et sculpteurs de l'école de Rome ? Pourquoi ne leur désignerait-elle pas elle-même les copies à faire, de manière à n'avoir pas vingt fois la même reproduction et afin de pouvoir réunir ainsi les fac-simile des fresques célèbres que le temps détruit et des autres chefs-d'œuvre que possède l'Italie ? Enfin, pourquoi ne formerait-on pas un *Musée de copies* faites d'après les plus belles peintures et sculptures conservées dans les diverses galeries de l'Europe (1) ?

Nous désespérions de voir jamais exaucer notre vœu, et nous regrettions d'avoir, durant vingt ans, prêché dans le désert. Mais, heureusement ! il n'y a pas que les beaux esprits qui se rencontrent. Deux hommes qui ont consacré une grande partie de leur existence à étudier toutes les questions relatives aux Beaux-Arts, peuvent également se rencontrer dans leurs vues, dans leurs projets. C'est ce qui est arrivé.

(1) Voir notre article publié en 1860 dans la *Revue artistique et littéraire*, page 182.

Pendant que nous pensions avoir inutilement épuisé nos meilleurs arguments, M. Charles Blanc arrivait à l'administration des Beaux-Arts, et il réalisait le vœu si souvent exprimé par nous; il créait le musée des copies, dont, lui aussi, il avait mûri le projet depuis vingt-cinq ans.

On devine avec quel plaisir nous avons, en décembre 1872, parcouru ce musée, à peine organisé en même temps qu'une exposition momentanée des œuvres acquises au salon de 1872, et ouvert seulement aux députés et à leurs amis. Nous connaissions un certain nombre de ces copies, et cependant nous étions loin de nous douter de l'aspect imposant que produirait la réunion de ces œuvres magistrales. Nous ne saurions mieux faire, pour en donner une idée, que de rapporter un incident de notre première visite au Musée des copies.

Nous étions dans la salle du fond, destinée aux grandes compositions de Raphaël et de Michel-Ange qu'un artiste ne se lasse pas d'étudier ; nous nous disposions à quitter cette salle, vivement impressionné par la vue de ces grandes pages d'un dessin si noble, si élégant et si largement traitées, lorsque nous nous trouvâmes tout à coup sur le seuil d'une salle où étaient exposées les peintures achetées par l'État, au salon de 1872. Quel coup de théâtre! quel changement d'impression !... De ce côté tout est calme, sobre, solennel ; de l'autre côté du seuil de cette porte, c'était gentil, coquet, pimpant ; dans le salon des Raphaël, des Michel-Ange, tout inspire le respect, l'admiration, on parle bas comme dans un sanctuaire ; dans la salle des modernes, l'impression est tout autre : les sujets légers, les tons chatoyants ou tapageurs amenaient le sans-gêne, on causait avec entrain, on s'appelait familièrement à haute voix. Jamais ce qui distingue le grand art de l'art secondaire ne s'était révélé à notre esprit d'une manière aussi saisissante ! Décidément, c'est un terrible voisinage que les grandes conceptions de Raphaël ! il ne l'est pas seulement pour nos contemporains, il l'est même pour des réalistes comme Rembrandt, comme Velazquez, dont les œuvres ont des qualités de modelé et de couleurs admirables, mais toujours d'un style familier d'où ne se dégagent ni la poésie de la forme ni celle de la pensée.

Cette impression, nous n'avons pas été seul à l'éprouver, nous avons vu bien des visiteurs arriver avec un sentiment de prévention défavorable à la création de ce musée, et sortir enthousiasmés de cet ensemble d'œuvres monumentales. — Le titre de *Musée des copies* avait suffi pour mal disposer ceux pour lesquels le mot *copie* signifie médiocre, œuvre indigne d'attention ; et pourtant combien de ces amateurs achètent, sans s'en douter, et à des prix fabuleux, de vieilles copies qu'ils prennent pour des tableaux originaux ! Et cela doit arriver puisque beaucoup de maîtres ne signaient pas leurs toiles et que certains d'entre eux ont fait eux-mêmes ou fait exécuter par leurs élèves des reproductions de leurs ouvrages. Que de bonnes copies ont été faites depuis deux ou trois siècles d'après Raphaël! Ne suffit-il pas d'un siècle ou d'un demi-siècle pour qu'une copie ait acquis cet aspect de vétusté auquel tout amateur croit reconnaître une œuvre originale? — D'autres avaient accepté comme paroles d'Évangile les articles des journaux d'opposition, prétendant que toutes les toiles de ce musée étaient les œuvres de mauvais copistes, tandis qu'elles sont signées des noms les plus honorables: Ingres, Lethière, Steuben, Müller, Baudry (qui ne compte pas moins de douze copies pour sa part), Landelle, Bonnat, Glaize, Balze, Henner, Lévy, Armand Leleux, Giacomotti, Barrias, Regnault, etc., etc., tous artistes grands prix de Rome, médaillés, décorés ou membres de l'Institut.

Nous avons pensé que le moyen de mettre fin à des insinuations malveillantes, c'était d'offrir au public un historique de ce musée, afin de faire apprécier son but élevé, son utilité pour l'histoire de l'art et pour l'éducation artistique du peuple. Telle est l'intention qui a inspiré ce livre dans lequel nous avons réuni — puisés aux meilleures sources — les renseignements pouvant intéresser le visiteur, l'éclairer sur les tableaux et leurs auteurs, ainsi que sur les galeries où se trouvent les peintures originales dont les reproductions composent le Musée Européen de copies d'après les grands maitres, au palais des Champs-Élysées.

Louis AUVRAY.

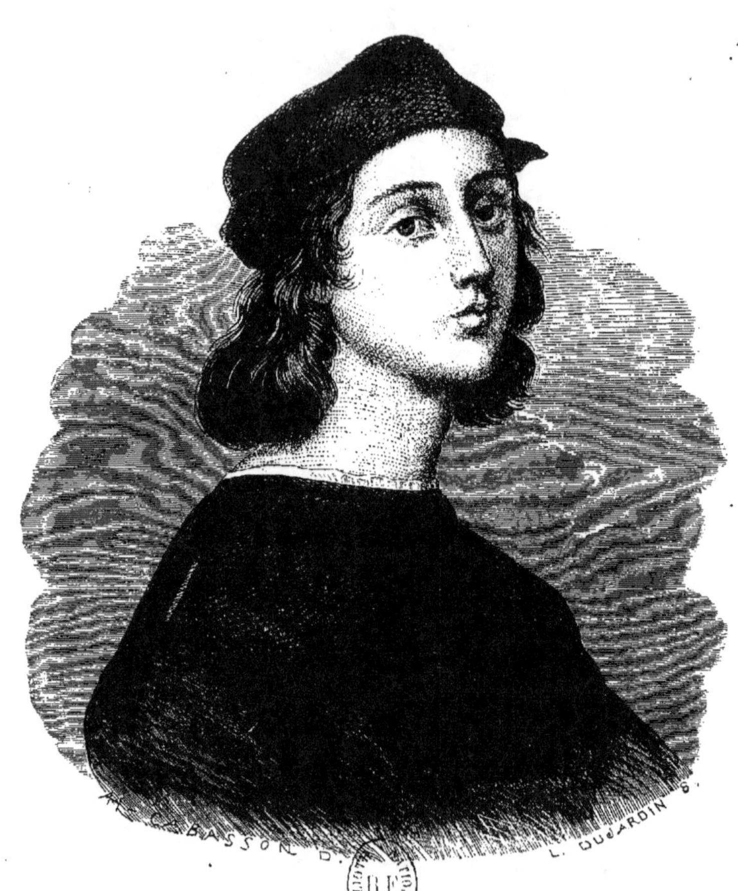

C. BASSON D.
L. DUJARDIN S.
RAPHAEL.

MUSÉE EUROPÉEN

DE

COPIES D'APRÈS LES GRANDS MAITRES

SALLE PREMIÈRE

Raphael : la Dispute du Saint-Sacrement ; — l'Incendie du Bourg ; — La Messe de Bolsène ; — le Parnasse ; — la Délivrance de saint Pierre ; — Attila chassé de Rome ; — la Poésie ; — la Douceur ; — la Justice ; — l'Amour et les trois Grâces ; — Junon, Cérès et Vénus ; — Mercure ; — Psyché venant des Enfers ; — le Mariage de la Vierge. — Pérugin : le Mariage de la Vierge. — Pinturicchio : la Vierge et quatre saints. — Fra Bartolommeo : la Déposition de la Croix. — Bazzi (dit *le Sodoma*) : l'Évanouissement de sainte Catherine. — Masaccio : saint Paul parlant à saint Pierre en prison ; — la Délivrance de saint Pierre. — Titien : Bacchus et Ariane. — Poussin : Mort de Germanicus.

L'heureuse idée de créer un Musée de copies d'après les grands maîtres ne pouvait venir qu'à un érudit comme M. Charles Blanc, artiste et auteur de l'*Histoire des Peintres de toutes les Écoles*. Dès sa nomination de directeur des Beaux-Arts, il comprit quel parti on pouvait tirer des copies envoyées tous les ans par les élèves de l'école de Rome ; il pensa qu'à défaut des originaux de chefs-d'œuvre qu'on ne pourra jamais se procurer, puisque les plus considérables sont des fresques que le temps dégrade chaque jour ; il pensa, disons-nous, que des copies faites avec la plus grande fidélité suffiraient pour donner de ces peintures une idée beaucoup plus juste que ne le font les meilleures gravures, et que tout le monde gagnerait à cela : l'État utiliserait les travaux des pensionnaires qu'il entretient à Rome ; les élèves, connaissant l'emploi de leurs copies, y mettraient plus de soin encore ; les artistes verraient annuellement s'augmenter la série des tableaux de maîtres que le Louvre ne possède pas et qu'ils viendraient étudier, et le peuple, qui ne peut voyager en touriste, aurait sous les yeux, classés par écoles, les chefs-d'œuvre disséminés dans les monuments et les plus riches galeries de l'Europe, groupés chronologiquement dans ce *Musée Européen.*

Malgré l'activité déployée par M. Charles Blanc et par M. Buon, inspecteur des Beaux-Arts, chargé du service des expositions, ce nouveau musée n'a pu être inauguré que le 15 avril. On y arrive par l'entrée du pavillon nord de la façade occidentale du palais des Champs-Élysées et par le grand escalier décoré de vases de Sèvres et de tapisseries des Gobelins. En entrant dans le vaste salon du pavillon nord-ouest, on se croirait au Vatican (1), à Rome, tant est imposant l'aspect des grandes compositions de Raphaël (2), qui occupe presque entièrement les parois de cette salle si bien remplie.

La première peinture qu'on aperçoit en entrant est la *Dispute du Saint-Sacrement*, très-belle copie d'après Raphaël, exécutée de la grandeur du tableau original par

(1) Le Vatican est plutôt une réunion d'édifices irréguliers qu'un palais ; il a trois étages, renferme une infinité de salles, de galeries, de corridors, de musées, etc. On y compte 20 cours, 8 grands escaliers et 200 escaliers de service ; mais il manque une façade extérieure à cet ensemble de constructions diverses, dont l'entrée est cachée par la colonnade de la place Saint-Pierre. Ce n'est qu'à leur retour d'Avignon que les papes s'y établirent. Les plus célèbres architectes y travaillèrent : Bramante, Ligorio, Fontana et d'autres.

(2) Raphaël, fils de Sanzio, peintre médiocre, naquit à Urbin, en 1483 ; il eut pour maître Pierre Pérugin ; il est mort à Rome en 1520, à l'âge de 37 ans.

M. Tiersonnier. Cette grande composition fait partie des chambres du Vatican, lesquelles sont au nombre de quatre : la chambre dite de la *Signature*, celle d'*Héliodore*, celle de l'*Incendie* et celle de *Constantin*, selon l'ordre chronologique de l'exécution de ces peintures. Il est intéressant de rappeler comment Raphaël fut appelé à peindre cette fresque, qui décida de l'avenir du jeune artiste. Le pape Jules II avait chargé Luca Signorelli et Pérugin de la décoration de cette partie du palais, quand, à la sollicitation de l'architecte Bramante, Jules II fit venir Raphaël, alors à Florence, et lui demanda de peindre la *Dispute du Saint-Sacrement*. On prétend qu'à l'occasion de cette fresque, Raphaël écrivit à l'Arioste pour lui demander ses conseils. Quoi qu'il en soit, cette composition est la plus belle épopée chrétienne : c'est l'union du ciel et de la terre, c'est Dieu, les anges, les saints assemblés en concile, consacrant l'institution du Saint-Sacrement. Voici un détail assez curieux : le peintre aurait obtenu de Jules II la permission de placer dans ce tableau, parmi les théologiens, Bramante appuyé sur une barrière, le Dante, le peintre Fra Angelico, et aussi Savonarole, brûlé comme hérétique à l'instigation du pape Alexandre VI, de mémoire peu édifiante. Lorsque cette grande page, entièrement peinte par Raphaël fut achevée (1511), le pape la trouva d'une si belle ordonnance, d'un coloris si harmonieux, il fut si satisfait, qu'il ordonna d'effacer tout ce qui avait été fait précédemment, et voulut que Raphaël peignît toutes les chambres. Mais, plein de respect pour son maître, celui-ci ne permit pas qu'on détruisît un plafond peint par Pérugin.

La belle copie de l'*Incendie du Bourg* (1) exécutée par

(1) Cet incendie eut lieu en 847 au Borgo, sur l'emplacement duquel

M. Balze, tient presque entièrement un panneau de cette salle, celui du côté droit. Cette fresque a été dessinée par Raphaël et peinte en grande partie par ses élèves (1516-17); on croit que le maître en a peint les figures principales. Dans son livre sur les *Musées d'Italie*, M. Viardot dit : « Il y a dans cette fresque plus de *nus* que dans mille autres compositions de Raphaël, qui paraît les avoir évités avec autant de soin que Michel-Ange en a mis à les introduire partout. Il faut convenir que les nus de Raphaël, toujours remarquables par la beauté des formes, par l'expression et la vérité des pantomimes, n'égalent point cependant ceux de Michel-Ange pour la partie la plus matérielle, la science anatomique, le travail musculaire, la hardiesse des poses et des mouvements. » On pense que les meilleures figures, les femmes qui portent de l'eau, ont été peintes par Raphaël, et l'on attribue à Jules Romain l'homme portant son père, groupe qui rappelle Énée et Anchise.

Le panneau du côté gauche est occupé par deux autres grandes compositions de Raphaël : *le Parnasse* et *la Messe de Bolsène*, copies de M. Paul Balze. Dans cette dernière, Raphaël a retracé le miracle de Bolsène, légende d'un prêtre incrédule, convaincu par la vue d'une hostie sanglante (1264). Ici l'artiste a introduit en scène Jules II, qui entend la messe. — Dans la gracieuse et suave composition du *Parnasse* le peintre a groupé autour d'Apollon et des Muses Homère, Pindare, Sapho, Horace, Virgile, Ovide, Dante, Pétrarque, Boccace, Sannazar.

Le quatrième panneau de cette salle est complétement rempli par deux grandes copies d'après Raphaël : — l'une, la *Délivrance de saint Pierre*, copie de M. R. Balze, est une

se trouve aujourd'hui le Vatican, la Basilique, le château Saint-Ange, etc. Le pape Léon IV l'éteignit par un signe de croix, dit la légende dont Raphaël s'est inspiré.

allusion à la délivrance du pape Léon X, fait prisonnier à la bataille de Ravenne. Dans cette fresque, le peintre a su triompher des plus grandes difficultés de conception et d'exécution ; il y représente trois temps différents d'une même action et dans trois lumières différentes, sans nuire à l'intelligence du sujet ni à l'harmonie du coloris. — Les allusions de l'autre fresque, *Saint Léon arrêtant Attila aux portes de Rome*, sont à l'adresse de Léon X, grand diplomate, protecteur des lettres et des arts, mais qui, d'après Valéry, n'était pas de force à une telle action.

Cette salle contient encore plusieurs copies des fresques de Raphaël au Vatican. Ce sont d'abord : *la Poésie*, par M. Émile Lévy ; — *la Douceur* et *la Justice*, par M. Clère ; — puis une copie de M. Soulacroix d'après *le Christ au tombeau*, une des premières peintures historiques de Raphaël (1507), alors âgé de 24 ans, exécutée pour l'église San-Francisco de Pérouse, et maintenant à la galerie du palais Borghèse (1), à Rome ; — ensuite quatre copies des fresques du palais de la Farnésine (2), où Raphaël a peint la charmante fable de Psyché. Ces pendentifs représentent : *l'Amour montrant Psyché aux trois Grâces ; Junon et Cérès parlant à Vénus en faveur de Psyché ; Psyché venant des en-*

(1) Le palais Borghèse est un des plus beaux de Rome, commencé en 1590 sur les dessins de Martino Lunghi, et achevé par Flaminio Ponzio. La cour est entourée de portiques soutenus par 96 colonnes de granit, doriques au rez-de-chaussée et corinthiennes à l'étage supérieur.

(2) Le palais de la Farnésine (villa Chigi) fut construit par Baldassare Péruzzi pour le banquier Chigi, qui y donna un repas au pape Léon X, aux cardinaux, etc., où l'on servit des plats de langues de perroquets et où la vaisselle d'or et d'argent était, à mesure qu'on la desservait, jetée dans le Tibre. Il est vrai que ces richesses, ainsi jetées par les fenêtres, étaient soigneusement recueillies dans un filet. Ce n'était qu'un semblant de prodigalité ! Le Titien assistait à ce repas et il en donne les détails.

fers avec le vase de fard que Proserpine lui a donné pour apaiser la colère de Vénus ; Mercure publiant la récompense promise par Vénus à celui qui livrera Psyché. Cette dernière copie est de Ingres. Les guirlandes de fleurs et de fruits qui encadrent ces sujets ont été peintes par Jean d'Udine. — Enfin, une copie faite au musée Brera, à Milan, par M. le chevalier Chevignard, d'après *le Mariage de la Vierge*, célèbre sous le nom de *Sposalizio*, peint par Raphaël à l'âge de 21 ans : c'est une reproduction avec très-peu de variantes du tableau de Pérugin (1) fait en 1495 pour l'autel Saint-Joseph, à la cathédrale de Pérouse, et qui se trouve aujourd'hui au musée de Caen. Selon M. de Chennevières (*Réflexions sur le musée de Caen*), ce tableau de Pérugin fut donné à une époque où, pour dégager le Louvre des œuvres d'un maître fort estimé des commissaires de la conquête d'Italie, mais qui était peu sympathique au goût du public d'alors, les musées des départements et trois églises de Paris reçurent vingt-quatre tableaux de Pérugin. » — La copie du *Mariage de la Vierge*, de Pérugin, qu'on voit à côté de celle d'après Raphaël, est de M. Quantin.

D'autres maîtres de l'école italienne sont encore représentés dans ce premier salon par les ouvrages suivants : *la Vierge et quatre saints*, copie de M. Armand Leleux d'après le tableau du Pinturicchio (2) à l'église Santa-Maria del Popolo (3) à Rome ; — *la Déposition de la Croix*, copie de

(1) Pérugin (P. Vanucci, dit le chef de l'école romaine et maître de Raphaël, est né en 1446 et mort en 1524.

(2) *Pinturicchio* (Bernardino Betti, dit le), né à Pérouse en 1454, mort à Sienne en 1513. Ce malheureux artiste étant tombé malade, fut enfermé par sa femme dans une chambre où il mourut de faim et privé de secours.

(3) L'église Santa-Maria del Popolo fut bâtie en 1099 pour purger cette place des démons établis aux alentours du tombeau de Néron. Sixte IV

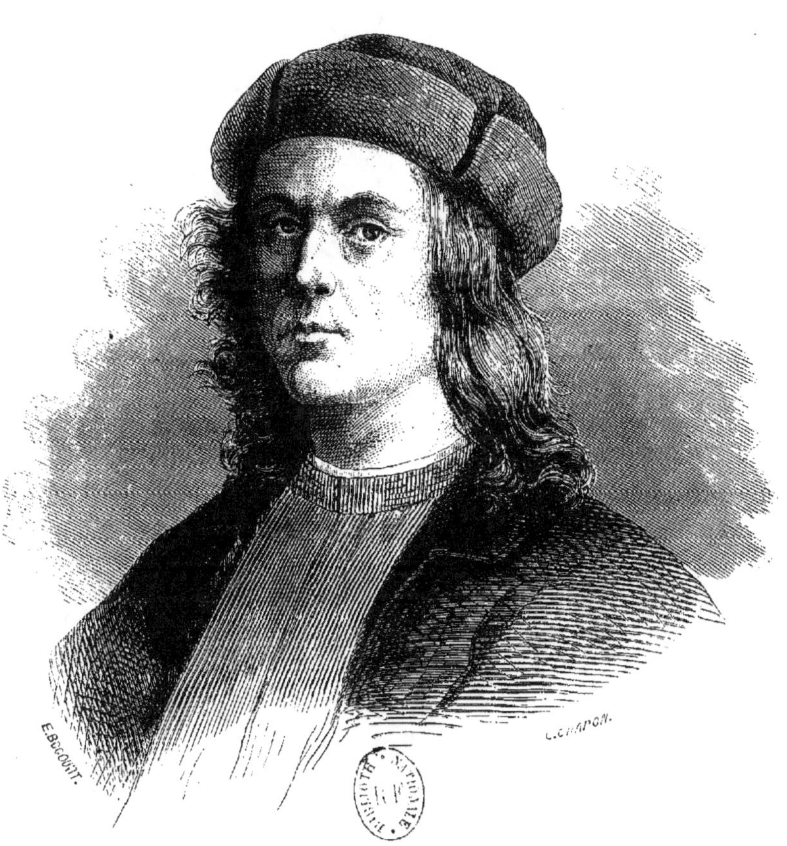

PINTURICCHIO.

M. Sturler d'après le tableau de Fra Bartolommeo (1), de la galerie Pitti (2), à Florence, œuvre admirable de sentiment ; — *Bacchus et Ariane*, copie faite par M. Colin d'après le Titien de la galerie nationale à Londres ; — *la Mort de Germanicus*, par M. Sanès, d'après le tableau de Poussin à la galerie Barberini, à Rome ; — *la Vierge au Donateur*, copie de M. Chatigny, d'après la peinture de Léonard de Vinci (3) au couvent de Sant' Onofrio, à Rome, église et couvent bâtis au XVe siècle et immortalisés par la mort du Tasse. On y montre encore, dans la cellule qu'il habita, son encrier, un miroir, une loupe, une ceinture, derniers objets en la possession du poëte qui s'éteignit dans la misère en léguant à l'Italie la gloire de son génie ; — *l'Évanouissement de sainte Catherine*, copie de M. Giacomotti, d'après la fresque de Bazzi (dit le *Sodoma*) (4) à l'église de

la fit rebâtir en 1471 par Baccio Pintelli. Plus tard, elle fut modernisée dans quelques parties par le Bernin. Les peintures et les sculptures qu'elle renferme en font une des plus intéressantes de Rome.

(1) Baccio ou Bartolommeo della Porta, connu sous le nom de Frà Bartolommeo ou simplement *il Frate*, né en 1469, mort en 1517.

(2) Le palais Pitti, célèbre par son musée, l'un des plus riches de l'Europe, a une origine aussi curieuse que sa forme est singulière. C'est vers 1440 qu'un simple commerçant florentin, Lucca Pitti, eut l'idée de se bâtir une habitation plus belle que le palais du gouvernement, folle entreprise qui le ruina. Cet édifice fut élevé d'après les dessins du grand architecte *Brunelleschi*, et plus tard continué par l'*Ammanati*, qui y ajouta une belle cour intérieure. Dans le XVIIe siècle *Giulio Parigi*, autre architecte, éleva les deux ailes de la façade. Cette façade est construite en blocs énormes, taillés en bossage, dont plusieurs dépassent 8 mètres de long. Il est présumable que l'emploi d'énormes bossages, qui domine dans l'architecture des modernes Toscans, fut accrédité par de plus anciennes pratiques. Ce goût était déjà établi avant Brunelleschi, qui en avait vu à Rome de remarquables modèles. A cette époque, le style de l'architecture antique, l'emploi de ses ordres et de ses ornements, n'étaient pas encore appliqués aux bâtiments civils.

(3) Léonard de Vinci, né au château de Vinci, près de Florence, mourut en France dans les bras de François Ier.

(4) Bazzi (Giovanni Antonio Razzi ou plutôt Bazzi, dit *le Sodoma*), né à Varcelli en 1479, mort en 1554.

San Dominico, à Sienne, chef-d'œuvre d'un peintre dont les ouvrages nous sont peu connus ; — *Saint Paul parlant à saint Pierre en prison* et *la Délivrance de saint Pierre*, copie de M. Mottez, d'après les fresques de Masaccio (1) à l'église dell' Carmine, à Florence. Ces peintures commencées par Masolino da Panicale (1415), continuées par Masaccio (1443), et terminées par Filippino Lippi, ornent la chapelle de Brancacci, échappée à l'incendie de 1771, qui détruisit le reste de l'église. Pérugin, Raphaël, Michel-Ange, Léonard de Vinci, sont venus tour à tour les étudier. Ces fresques marquent un des immenses progrès de l'art, auquel elles ont ouvert une voie nouvelle, et à près d'un siècle de distance, elles participent déjà de l'ampleur magistrale qui brillera dans les œuvres de Raphaël, lequel, du reste, s'est inspiré de cette belle figure du saint Paul de Masaccio pour son *saint Paul prêchant à Athènes*.

Cette simple et sommaire description des chefs-d'œuvre, dont les copies se trouvent réunies dans la première salle de ce musée, suffirait pour montrer que cette collection est appelée à devenir une des plus intéressantes et des plus instructives de Paris. Que sera-ce, si un jour nous y voyons deux bonnes reproductions de *la Transfiguration*, cette admirable conception de Raphaël, et de *la Vierge au Donateur*, célèbre tableau plus connu encore sous le nom de LA VIERGE DE FOLIGNO (*Madonna di Foligno*), deux chefs-d'œuvre que la France a possédés et qu'elle devrait posséder encore ?

En effet, non-seulement ces peintures nous avaient été données en paiement des contributions de guerre lors de la conquête d'Italie, mais *la Transfiguration*, généralement

____

(1) Guidi (Tommaso), dit *Masaccio*, né en 1402, mort en 1443. Il fut l'élève favori de Masolino de Panicale et le maître de Filippino Lippi.

considérée comme l'œuvre capitale de Raphaël, lui fut commandée pour la France par le cardinal Jules de Médicis,
qui le destinait à la cathédrale de Narbonne, dont il était
l'archevêque. Raphaël voulut exécuter lui-même cette
grande composition pour montrer dans toute leur splendeur les merveilleuses qualités de son génie, qui depuis
quelque temps, selon Vasari, ne se montraient plus qu'af-
faiblies par l'interprétation de ses élèves. Le prix de ce
tableau était de 655 ducats (8,250 francs environ), et à la
mort de Raphaël on lui devait encore 224 ducats qui furent touchés par Jules Romain, son élève et son héritier.
On croit que ce dernier termina quelques parties restées
inachevées. Jules de Médicis, devenu le pape Clément VII,
légua à l'église San Pietro in Montorio ce chef-d'œuvre, et
envoya à Narbonne la *Résurrection de Lazare*, par Michel-
Ange et Sébastien del Piombo, également commandée par
lui. Quant à la *Vierge de Foligno*, elle a été peinte en 1512
pour le secrétaire de Jules II, Sigismond Conti, qui y est
représenté à genoux. En 1565, la nièce de Sigismond
Conti, abbesse du couvent de Santa-Anna, à Foligno,
emporta ce tableau et le donna à l'église de son couvent,
d'où il fut tiré dans un état pitoyable et envoyé à Paris avec
les autres peintures portées en compte des indemnités de
guerre. Il y fut restauré et transporté sur toile ; il est maintenant à la galerie du Vatican, à Rome.

SALLE DEUXIÈME

La seconde salle est consacrée au prince des peintres
espagnols, à don Diego Rodriguez de Silva y Velazquez (1).
Elle contient quatorze copies d'après ce maître qui n'était
guère connu en France que par la gravure, laquelle ne
pouvait rendre la touche franche, parfois brutale de cet
artiste. Les nombreux ouvrages publiés sur les œuvres de
Velazquez nous disent bien que ce maître peignait du
premier coup sans retouche (2), qu'on pouvait compter
ses coups de brosse et en suivre les directions en tous les
sens (3), que sa couleur n'avait pas le rayonnement et l'é-
blouissante transparence de Rubens et qu'elle manquait de
finesse (4), mais, habitué au charme du coloris de Murillo,

(1) Diego Rodriguez de Silva y Velazquez (et non *Diego Velazquez de
Silva*) naquit à Séville en 1599, eut pour premier maître Herrera le
Vieux et ensuite Francisco Pacheco, dont il épousa la fille. Peintre du
roi, *Aposentador Mayor* (quartier maître de la maison du roi), chevalier
de l'ordre de Saint-Jacques, il mourut le 6 août 1660.

(2) Louis Viardot, *les Musées d'Espagne*. — L'ancien *catalogue du
Musée de Madrid*.

(3) W. Bürger, *Trésors d'art en Angleterre*.

(4) Clément de Ris, *Musée de Madrid*.

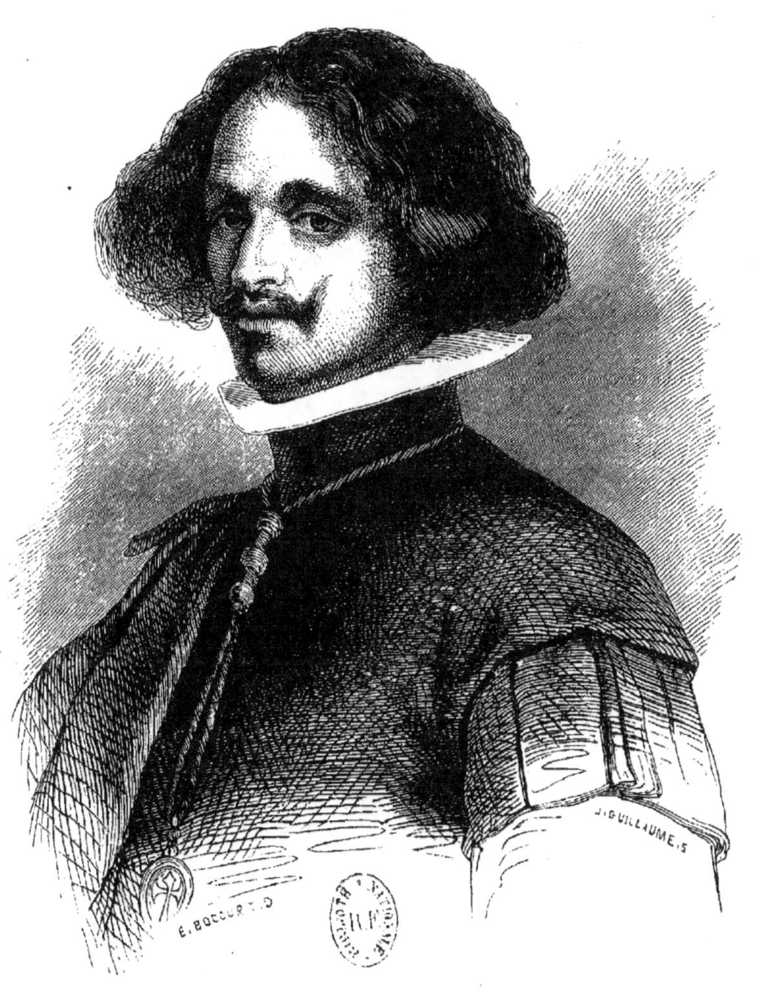

VELAZQUEZ.

si bien représenté au Musée du Louvre, le visiteur est tout
surpris, en quittant les Raphaël, de se trouver ici en présence de peintures espagnoles aussi crûment réalistes ; son
œil a besoin de se familiariser avec ce peintre pour lequel
la beauté et la laideur semblent indifférentes, qui admet
la nature telle qu'elle est, qui rend les belles choses avec
la même perfection que les vilaines (1), et dont l'exécution
souvent heurtée « devient sublime à force de caractère (2). »

En entrant, on aperçoit à droite, au centre du panneau,
le *Portrait équestre du comte-duc d'Olivarès*, premier ministre et favori de Philippe IV, copie de M. Prévost, d'après
le tableau du musée de Madrid.

Pedro de Guzman, III⁰ comte d'Olivarès, duc de San
Lucar de Barramoda est né en 1587. Dès l'avénement de
Philippe IV (1621), il occupa la plus haute position dans
le gouvernement ; il fut premier ministre, président du
conseil de la censure pour la réforme des abus, grand
chambellan, grand chancelier des Indes, trésorier général
de l'Aragon, membre du conseil supérieur d'Etat, grand
écuyer, capitaine général de la cavalerie et gouverneur du
Guipuscoa ; il se chargea de toute l'administration intérieure. Son despotisme ayant amené des révoltes et ses
prodigalités ayant causé la ruine de l'Espagne, Olivarès fut
exilé à Toro, où il mourut en 1645.

Velazquez a représenté son puissant protecteur galo-
pant sur un cheval bai, robuste étalon de l'Andalousie.
Le comte-duc d'Olivarès porte une armure, une écharpe
rouge en sautoir et un chapeau à larges bords. Il tient de
la main droite le bâton de commandement et de l'autre il

(1) Théophile Gautier, *Moniteur* du 24 septembre 1864.
(2) Charles Blanc, *Histoire des peintres de toutes les écoles*. Biographie
de Velazquez.

dirige son cheval vers un combat qu'on aperçoit dans le lointain, bien que le favori n'ait jamais pris part à aucune action militaire. Ce beau portrait parfaitement en rapport avec la description de Voiture qui nous représente ce personnage comme étant « l'un des meilleurs cavaliers et des mieux tournés de l'Espagne », est une réfutation, un démenti à la hideuse caricature tracée par Lesage (1). Ce tableau, que les auteurs cités plus haut regardent comme un chef-d'œuvre, a été peint en 1631 ; il est placé dans la tribune du musée de Madrid.

A droite de ce tableau se trouve le *Portrait de Philippe IV*, à l'âge de 21 ans, bonne copie de M. Guignet d'après le tableau du musée de Madrid.

Philippe IV, roi d'Espagne, fils de Philippe III et de Marguerite d'Autriche, né le 8 avril 1605, monta sur le trône à l'âge de 17 ans. Trop adonné aux plaisirs pour régner par lui-même, il abandonna la direction des affaires au comte-duc d'Olivarès, qui reçut un royaume riche et puissant, et le rendit épuisé et bien amoindri. Après la terrible défaite de Villaviciosa, le roi s'affaiblit de jour en jour, et quand il expira le 17 septembre 1665, il ne fut regretté ni des grands ni du peuple (2).

Ce roi est représenté de grandeur naturelle, debout, en costume de chasse, gants de chamois, col empesé, hauts-de-chausses d'un gris verdâtre, les manches du pourpoint noires, rehaussées d'argent. Pour coiffure une casquette, dans la main droite une escopette. Il est arrêté près d'un arbre ; son chien est à ses pieds.

---

(1) Gil Blas, liv. XI, chap. II. Olivarès y est décrit comme étant bossu, ayant la tête énorme, la peau jaunâtre, le visage allongé et le menton pointu se recourbant vers la bouche. Voilà comment les romanciers écrivent l'histoire !

(2) Weiss, *l'Espagne depuis Philippe II.*

Comme pendant, Velazquez a peint le *Portrait en pied de don Fernando d'Autriche,* dont nous avons sous les yeux une bonne copie due également à M. Guignet.

Don Fernando d'Autriche est jeune, debout et de grandeur naturelle. Comme le roi Philippe IV, il est en costume de chasse, avec le fusil dans la main droite, suivi d'un beau chien. Cette peinture est très-largement exécutée.

Réunion de buveurs, tableau connu sous le titre de *Los Bebedores* ou *Los Borrachos* (les Ivrognes), copie de M. Brigot d'après le Velazquez placé dans la tribune du musée de Madrid.

Cette composition se compose de neuf figures de grandeur naturelle ; elle a été peinte en 1624. Au centre un des buveurs demi-nu, assis sur un tonneau comme Bacchus sur son trône, la tête couronnée de feuilles de vigne. Il se dispose à couronner de lierre un autre buveur, agenouillé à ses pieds, et l'assemblée entière célèbre gaiement le succès de ce vaillant disciple de Bacchus.

A propos de cette toile célèbre, M. Viardot mentionne l'admiration que sir David Wilkie éprouvait pour ce tableau qu'il préférait à tous les autres ouvrages de Velazquez : « Chaque jour, quel que fût le temps, il venait au musée, il s'établissait devant son cadre chéri, passait trois heures dans une silencieuse extase ; puis, quand la fatigue et l'admiration l'épuisaient, il laissait échapper un *ouf!* du fond de sa poitrine, prenait son chapeau et sortait. Sans être peintre, sans être Anglais, j'en ai presque fait autant que lui (1) ! »

Dans le *Moniteur* du 24 septembre 1864, Théophile Gautier dit : Voyez le tableau de *los Borrachos,* un chef-

---

(1) *Les Musées d'Espagne,* page 152.

d'œuvre qui selon nous mérite mieux que *las Meninas* le titre de *Théologie de la peinture.* »

Las Meninas (les filles d'honneur), copie de M. Prevost d'après le tableau de la tribune du musée de Madrid.

C'est en 1656 que Velazquez peignit ce grand ouvrage, celui que les artistes ont proclamé son chef-d'œuvre. Le sujet, c'est Velazquez travaillant à un grand tableau qui représente la famille royale. A l'extrême droite de la composition, on voit le dos du chevalet et de la toile sur laquelle l'artiste est occupé à retracer les traits du roi et de la reine. Debout, tenant ses pinceaux et sa palette, il observe l'effet de sa peinture. Près de lui et au centre du tableau est la petite infante Marie-Marguerite, prenant une tasse sur un plateau que lui présente à genoux doña Maria Agustina Sarmiento, fille d'honneur de la reine. A gauche, une autre Menina, doña Isabelle de Velasco, fait la révérence, et, sur le premier plan, à gauche, la naine Maria Barbolo et le nain Nicolas Pertusano pose son pied sur le dos d'un chien de chasse qui ne répond pas à ces agaceries. Dans le fond, une porte ouverte laisse apercevoir un escalier que remonte don Josef Nieto, *l'aposentador* de la reine, et près de cette porte, un miroir suspendu à la muraille montre que le roi et la reine font partie du groupe, quoique placés en dehors des limites de la scène retracée dans le tableau que nous avons sous les yeux.

On rapporte que Philippe IV venant voir ce tableau terminé, trouva qu'il y manquait quelque chose, prit un pinceau et traça sur la poitrine du portrait de Velazquez la croix rouge de Saint-Jacques, se servant ainsi pour lui donner l'accolade, d'une arme inusitée dans la chevalerie. On raconte encore que lorsque Charles II montra les *Meninas* à Luca Giordano, ce peintre s'écria, dans un transport d'admiration, que c'était la Théologie ou l'Évangile

de la peinture, expression encore employée en Espagne
pour désigner ce chef-d'œuvre (1).

A la droite de cette peinture est placé le *portrait de
Vieillard*, connu sous le nom de *Ménippe*, enveloppé d'un
manteau, et à la gauche un autre *portrait de Vieillard*,
vulgairement nommé *Esope*, vêtu d'une espèce de sac lié à
la ceinture avec une corde, tenant un livre dans la main
droite : deux simples gueux philosophiques, jaunes, rances,
délabrés, sordides, mais superbes de caractère et largement
peints. Il semble qu'ils ont été mis là de chaque côté du
tableau représentant la famille royale, pour prouver que
Velazquez est le peintre de l'aristocratie et le peintre de la
canaille, qu'il est aussi admirable au palais que dans la cour
des Miracles, ainsi que l'a écrit Théophile Gautier. Dans
le catalogue des œuvres de Velazquez dressé par W. Bürger, on lit : « Ces deux tableaux assez célèbres, surtout par
la gravure, ne sont pas de première qualité. » Les copies
de ces deux portraits en pied sont de M. Prévost.

Les *Forges de Vulcain*, copie de M. Porion, d'après la
peinture du musée de Madrid.

Ce tableau, peint durant le premier voyage de Velazquez en Italie (1629-30), représente Apollon révélant à
Vulcain l'infidélité de Vénus. Le divin forgeron est étourdi
de la nouvelle, son regard exprime la colère et la douleur ;
le marteau est immobile, le fer rougi se refroidit sur l'en-
clume ; les cyclopes ont également suspendu leur travail,
excités par la curiosité, ils avancent leurs têtes, avides d'ap-
prendre le scandale que rapporte le céleste étranger.

C'est au contact des peintres italiens qu'est due la niaise-
rie maniérée de l'Apollon, dit W. Bürger. Si le dieu du jour
avait été peint avec autant de force et de vérité que les

(1) William Stirling, *Velazquez et ses œuvres*, pages 154 et 155.

autres figures, ajoute William Stirling, ce tableau serait sans rival au point de vue de l'effet dramatique.

Le centre du troisième panneau de cette salle est occupé par une copie de M. Collin, d'après une grande et importante composition de Velazquer placée dans la tribune du musée de Madrid : *Une fabrique de tapis*, plus connue sous le titre de : *las Hilanderas* (les Fileuses).

Sur le premier plan, une femme file et cause avec une jeune fille qui écarte un rideau rouge ; au second plan, une petite fille carde de la laine, et à droite du spectateur, une jeune fille, vue de dos, dévide un peloton de laine, accompagnée d'une autre fillette qui tient à la main une espèce de panier. Au fond, dans une arrière-pièce qu'éclaire fortement une fenêtre que le spectateur n'aperçoit pas, deux femmes déploient une tapisserie devant une dame qui l'admire.

Selon W. Bürger, ce tableau est le chef-d'œuvre des chefs-d'œuvre. « La *Ronde de nuit* de Rembrandt, dit-il, et les *Fileuses* de Velazquez sont les deux tableaux qui m'ont fait le plus d'impression dans toute ma vie. »

A droite de cette toile est le *Portrait d'un nain feuilletant un livre*, large peinture, très-expressive, bien rendue dans la copie que M. Guignet en a faite au musée de Madrid.

A gauche du tableau des *Fileuses*, un autre *portrait de Nain*, celui de *Bobo*, l'idiot de Coria ; costume vert, pourpoint à manches tailladées. Il est assis par terre, les mains jointes sur les genoux ; il a près de lui un vase rempli de vin, c'est encore une bonne copie faite au musée de Madrid, par M. Guignet.

On a placé au milieu du quatrième panneau de cette salle la *Reddition de Bréda*, belle copie de Regnault, l'un des vaillants défenseurs de Paris, mort glorieusement à l'attaque de Buzenval.

Velazquez peignit cette grande page pour le palais de Buen Retiro (1645-48); il y a représenté le général Spinola au moment où, en 1625, le prince Justin de Nassau lui remet, après une défense opiniâtre, les clefs de Bréda. Le vainqueur s'avance, le chapeau à la main, vers son ennemi vaincu et se dispose à l'embrasser avec une généreuse cordialité ; derrière les généraux sont leurs chevaux et les gens de leur suite, puis la ligne des piquiers dont les lances se détachent sur le fond bleu du ciel, ce qui a valu à cette composition le nom de *las Lanzas*.

Le cheval du premier plan est un peu lourd, mais il y a des figures exquises, notamment, vers le milieu, un jeune homme en blanc, vu de face, et à l'extrême gauche une belle tête brune avec un chapeau à plumes, qui passe pour être le portrait de Velazquez. Ce tableau est placé dans la tribune du musée de Madrid.

A droite de cette grande composition se trouve la copie faite par M. Cornu d'une œuvre saisissante, autrefois à la galerie Aguado : *La dame aux gants.*

Cette Espagnole est vêtue d'une robe décolletée qui laisse voir la moitié du sein qui palpite, et d'un ton chaud que les Andalous aiment par-dessus tout. Des gants longs, d'un gris cendré, montent à mi-bras. A quelque point de vue que vous regardiez cette belle Espagnole, ses yeux vous regardent, voluptueux et limpides comme les yeux d'une femme qui vous aimerait. Il n'y a guère de peinture qui représente mieux à la fois l'Espagne et Velazquez.

Le *Crucifiement*, belle copie faite au musée de Madrid par M. Porion, termine la série des reproductions des œuvres de Velazquez réunies dans cette salle.

C'est en 1639 que Velazquez peignit le *Crucifiement*, l'une de ses meilleures peintures; il lui avait été commandé par les religieuses du couvent de San-Placido. « Jamais, dit

William Stirling, jamais cette grande agonie ne fut retracée d'une façon plus puissante. La tête de notre Sauveur tombe sur l'épaule droite, sur laquelle flottent des masses de cheveux noirs, tandis que des gouttes de sang coulent de son front percé d'épines. L'anatomie du corps est exécutée avec autant de précision que dans le marbre de Cellini, qui peut avoir servi de modèle à Velazquez. Conformément à la règle posée par Pacheco (1), les pieds du Christ sont percés chacun d'un clou séparé ; au pied de la croix sont le crâne et les ossements qu'on y figure habituellement, et un serpent entoure de ses replis l'arbre maudit. Les religieuses de San-Placido placèrent ce chef-d'œuvre dans leur sacristie, misérable cellule, mal éclairée par une fenêtre garnie de barres de fer et sans vitres ; il y demeura jusqu'à ce que le roi Joseph et les français vinssent à Madrid découvrir ce que Milton appelle des objets précieux, éblouissants de couleur et de l'effet le plus rare, perdus dans les ténèbres.

« Transporté à Paris et livré aux enchères, ce tableau fut racheté à un prix élevé par le duc de San-Fernando, qui en fit don au Musée royal de Madrid. »

Ce Christ de grandeur naturelle, dit W. Bürger, est terrible. C'est correct, serré, solide comme un marbre. Le fond est d'un noir neutre.

Deux autres maîtres de l'école espagnole sont représentés dans cette salle :

Ribera (2), par une copie de M. François Lafon d'après le tableau de la galerie Borghèse, à Rome, représentant *Saint Stanislas et l'enfant Jésus.*

Saint Stanislas est jeune encore, il tient dans ses bras

(1) *Arte de la Pintura,* page 591.
(2) Ribera ou Ribeira (Joseph), dit l'Espagnolet, né en 1588, mort en Italie en 1656.

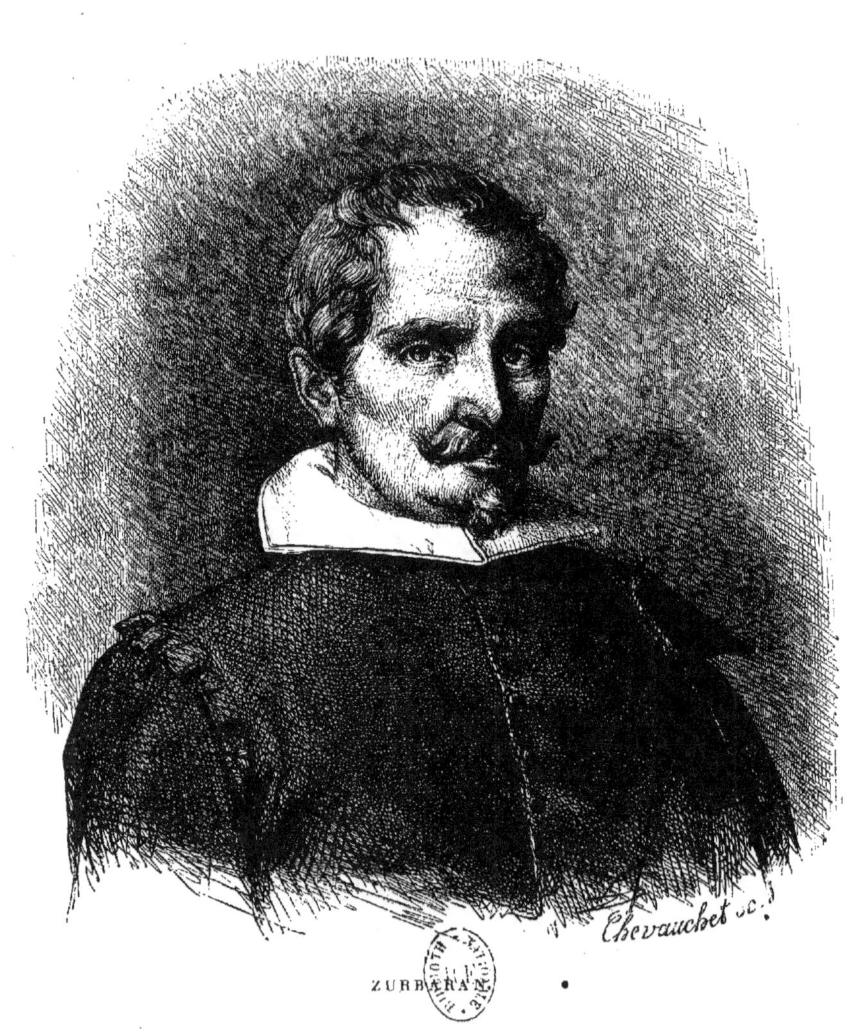

ZURBARAN

l'enfant Jésus qui avance ses petites mains comme pour lui caresser la figure. Cette composition est gracieuse et le coloris rappelle assez celui de Van Dyck.

Zurbaran (1) est représenté par la copie de *San Francisco* faite par M. de Beaulieu d'après le tableau que tout le monde se souvient d'avoir vu au Louvre, au musée Espagnol, repris par les princes d'Orléans.

Saint Francisco, en costume de moine, est agenouillé et en prière. La tête couverte du capuchon, levée vers le ciel, la bouche ouverte, indique qu'il implore Dieu à haute voix. Ses mains jointes soutiennent une tête de mort appuyée contre sa poitrine. Cette belle peinture d'un effet merveilleux a été reproduite à l'infini par la gravure et la lithographie.

(1) Zurbaran (Francisco), né en 1598, mort à Madrid en 1662. Il était fils d'un simple laboureur.

SALLE TROISIÈME

Titien : Vénus couchée ; — L'Amour sacré et l'amour profane ; — le
Martyre de saint Sébastien ; — La Toilette de Vénus ; — L'Assassin ; —
Tête de Moine. — Sébastien del Piombo : la Résurrection de Lazare.
— Paul Véronèse : Adoration de la Vierge ; — Descente de croix. —
Salvator Rosa : Forêt des philosophes. — Paris Bordone : l'Anneau
ducal. — Bonifazio : Retour de l'enfant prodigue. — Dominiquin : la
Communion de saint Jérôme. — Palme le Vieux : Sainte Barbe. —
Corrège : Saint Jérôme ; — Vénus, Mercure et l'Amour. — Tintoret :
le Miracle de saint Marc. — Carpaccio : la Légende de sainte Ursule.

Cette salle est une des plus intéressantes, des plus séduisantes, c'est celle des coloristes, des charmeurs. Elle ne
contient pas moins de six reproductions des meilleures
peintures de Titien (1), entre autres une copie de M. Mottez d'après une des belles créations de ce magicien de la
couleur, la *Vénus couchée*, placée dans la *Tribune* de la
galerie des Uffizi (2), à Florence. Ce tableau a donné lieu

(1) Titien (*Tiziano Vecellio de Cadore*, dit le), prince de l'école Vénitienne, né à Cadore en 1477, mort de la peste à Venise en 1577. Élève
de Sébastien Zuccati et de Giovani Bellini.

(2) La galerie de Florence, dite des Offices (Portico degli Uffizi), fut
construite par Vasari (1560-74). C'est dans la partie supérieure de cette
construction, consistant en deux galeries longitudinales de 430 pieds
chacune, et une galerie transversale de 100 pieds de longueur, que se
trouve une des plus riches collections de l'Italie. Ce musée a été fondé
par Cosme I* de Médicis. La *Tribune*, salle octogone, exécutée par
Buontilenti, est une des merveilles des arts, un de ces sanctuaires
qu'on n'aborde pas sans une religieuse émotion et dont on emporte un
impérissable souvenir. Elle contient une réunion de chefs-d'œuvre dont
la glorieuse concurrence excite l'admiration. C'est cette salle qui a
donné l'idée de créer au Musée du Louvre les deux tribunes : *le Salon
carré* et *la Salle des sept cheminées*, l'une la tribune des maîtres anciens, l'autre celle des maîtres modernes.

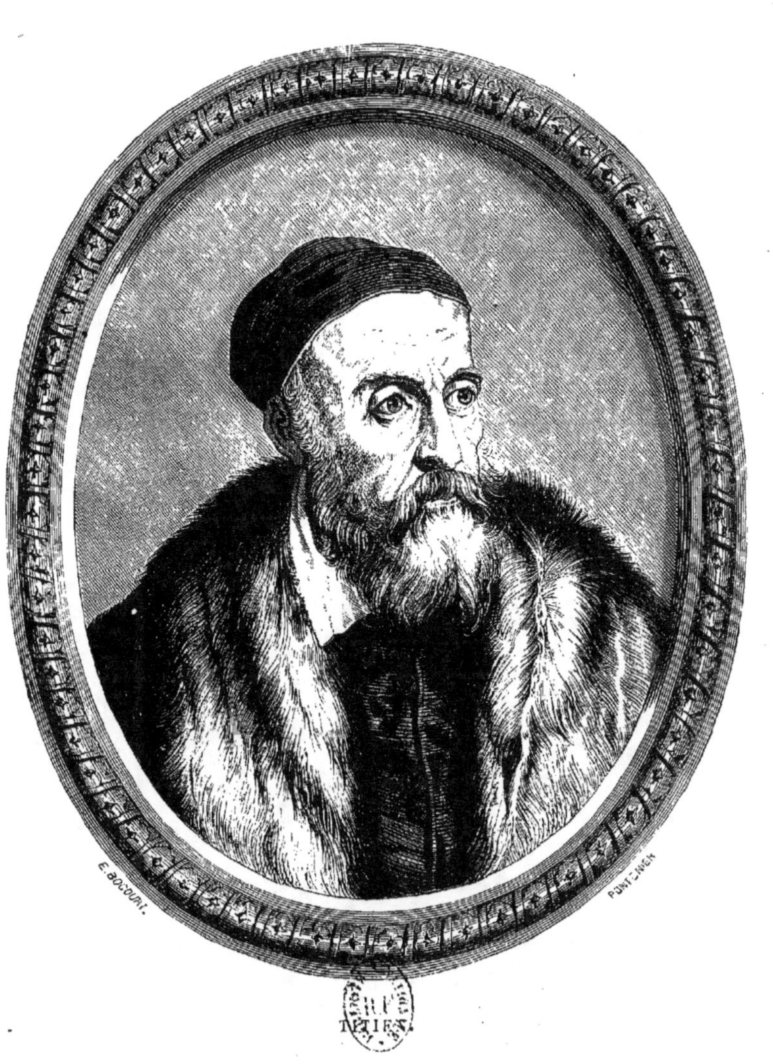
E. BOCOURT.
PONTENIER

aux réflexions suivantes : « Cette interprétation de la beauté féminine selon le sentiment moderne offre un terme de comparaison intéressant avec celle conçue par l'ancien génie grec dans la *Vénus de Médicis*. Ici c'est l'artiste païen qui est chaste, et l'artiste chrétien qui est impudique. » On prétend que cette figure entièrement nue est le portrait d'une maîtresse du duc d'Urbin.

A côté de ce tableau, se trouve une copie de M. Porion d'après la *Résurrection de Lazare*, de Frà Sébastien del Piombo (1). A propos de cette peinture, on raconte que Michel-Ange, jaloux de l'universelle renommée de Raphaël, voulut engager une lutte avec lui, et que dans ce but il appela à son aide, pour traduire ses conceptions, le pinceau et le coloris de Sebastiano del Piombo. La composition qu'il choisit pour être opposée à la *Transfiguration* de Raphaël fut la *Résurrection de Lazare*, dans laquelle on retrouve, en effet, le style et le dessin puissant de Michel-Ange, surtout dans la figure nue de Lazare qui rappelle l'une des deux statues de ce maître, au musée du Louvre. Les deux tableaux de cette lutte solennelle, tous deux commandés par Clément VII, furent exposés dans la salle du Conservatoire. Le succès ne pouvait être douteux, mais Raphaël n'en put jouir; il était mort, laissant inachevées certaines parties secondaires de cette sublime création. Clément VII, qui avait commandé la *Transfiguration* pour l'église de Narbonne, la conserva et envoya à

---

(1) Frà Sebastiano del Piombo (*Sebastiano Luciano*, dit), né à Venise en 1485, mort à Rome en 1547. Il fut élève de Giovanni Bellini et de Giorgione. Clément VII, voulant récompenser dignement le talent de ce grand artiste, lui confia en 1531 la chancellerie (*Uffizio del piombo*), et c'est de là que lui vient le surnom de *Sébastien del Piombo*, sous lequel seul il est connu. C'est à cette époque aussi qu'il commença à faire précéder son nom du titre de *Frà* inhérent à la charge dont il venait d'être gratifié, car il ne paraît pas avoir été jamais ni prêtre ni religieux.

sa place le tableau de Michel-Ange et de Sébastien del Piombo, *la Résurrection de Lazare*. Plus tard, cette toile passa de l'église de Narbonne dans le cabinet du duc d'Orléans, régent, qui l'avait achetée 24,000 francs, et qui la revendit en Angleterre plus de trois fois cette somme. Après la conquête de l'Italie, lorsque la *Transfiguration* était au Musée du Louvre, Napoléon, désirant réunir les deux compositions, fit offrir 250,000 francs de la *Résurrection de Lazare* à son heureux possesseur, M. Angerstein, qui refusa. Depuis, elle a été acquise par la *National Gallery* de Londres, au prix de 14,000 livres (350,000 francs).

Au-dessous de la Vénus du Titien, est une bonne copie de M. Lanoue, d'après un très-beau paysage de Salvator Rosa (1), la *Forêt des philosophes*, ainsi nommée parce que Diogène y est représenté près d'une fontaine et jetant sa tasse. Le tableau original se trouve à la Galerie Pitti, à Florence. A droite de cette toile est l'*Adoration de la Vierge*, jolie copie de M. Maréchal fils, d'après une des plus séduisantes peintures de Paul Véronèse (2), de la galerie de l'Académie des Beaux-Arts de Venise. Ce tableau ravissant par la richesse du coloris représente la Vierge assise sur un trône, tenant l'Enfant Jésus, saint Joseph est debout à sa gauche; plus bas saint Jean-Baptiste enfant, debout sur la balustrade, entre saint Jérôme et saint François, et derrière celui-ci, sainte Justine. Ce chef-d'œuvre faisait aussi partie du Musée Napoléon avant 1815.

Le pêcheur présentant l'anneau ducal trouvé dans le ventre d'un poisson, est encore une excellente copie de M. Maré-

(1) Salvator Rosa, peintre, poëte et musicien, né à Arenella en 1615, mort à Rome en 1673.

(2) Paul Véronèse (*Paolo Caliari*, dit), né à Vérone en 1530, mort à Venise en 1588. Il fut élève de Giovanni Carolo.

chal fils, d'après le tableau de Pâris Bordone (1), chef-d'œuvre d'un coloris fin et d'un dessin gracieux. Cette toile qu'il avait peinte pour là scuola di San Marc, a également fait partie du musée du Louvre jusqu'en 1815 ; elle est au-jourd'hui à l'Académie des Beaux-Arts de Venise. Quoique les personnages soient à peine de demi-nature, ce tableau est d'une grande composition par l'étendue, l'ordonnance et l'exécution. L'architecture est un modèle de perspective, de vérité, de finesse ; les personnages sont remarquables par la beauté des types et la variété des attitudes. Le *Retour de l'enfant prodigue*, copie de M. Plantat, d'après le Bonifazio (2) de la galerie Borghèse, à Rome, est traité dans le même style, avec la même finesse, mais non avec la même grandeur ni la même puissance.

L'amour sacré et l'amour profane, est-ce bien là le sujet que Titien a voulu traiter dans ce célèbre tableau ? Deux femmes blondes et belles sont assises : l'une près d'une fontaine en forme de sarcophage antique, l'autre sur le bord même de cette cuve en marbre comme celles des thermes romains ; la première, sans doute l'amour profane, est élégamment vêtue et gantée, le bras gauche appuyé sur un riche cof-fret, elle tient de la main droite les fleurs d'un bouquet détaché. L'autre, que nous prenons pour l'amour sacré, est entièrement nue, les cheveux tombant sur ses épaules,

(1) Pâris Bordone, né à Trévise en 1500, mort à Venise en 1570. Il fut élève de Titien. Appelé en France par François Ier en 1528, il fit le portrait de ce prince et de la plupart des personnages de la cour. De retour à Venise, riche de la fortune paternelle et de celle gagnée par son talent, il partagea le reste de sa vie entre la peinture, la musique et les lettres qu'il n'avait jamais abandonnées.

(2) Bonifazio ou Bonifacio, né à Vérone vers 1491, mort en 1553. C'est par erreur que Vasari, Ridolfi et Zanetti l'ont fait naître à Venise Selon Ridolfi il serait élève de Palma, et d'après Boschini il aurait étudié chez Titien. Bonifazio de Vérone est souvent confondu avec Bonifazio qui vivait en 1461, et d'un talent bien inférieur.

comme si elle sortait du bain; elle élève vers le ciel une
cassolette dont l'encens parfume l'air. Un petit amour joue
avec l'eau de cette baignoire ou de cette fontaine. La scène
se passe dans la campagne, et l'on aperçoit au loin des cavaliers en train de chasser. Quel rapport tout cela a-t-il
avec l'amour profane et l'amour sacré? Quoi qu'il en soit,
Titien a répandu à profusion dans cette peinture toutes
les richesses de sa palette, et M. Leroux en a fait une
bonne copie d'après l'original de la galerie Borghèse.

Ce premier panneau contient encore deux compositions
de Titien : une grande copie de M. Roget d'après la belle
fresque peinte pour la confrérie de Saint-Antoine à la
scuola del Santo, représentant sur le premier plan et dans
un beau paysage, un mari jaloux qui tue sa femme, et,
dans le fond, saint Antoine qui arrive pour la ressusciter.
L'autre composition est moins importante; c'est une copie
de M. Maréchal fils, d'après le *Martyre de saint Sébastien*
que possède Santa-Maria della Salute, à Venise.

Le panneau du fond de cette salle est occupé par une
grande et belle copie de M. C.-L. Müller d'après la *Communion de saint Jérôme*, du Dominiquin (1). Ce tableau, regardé comme le chef-d'œuvre de ce maître, est placé,
dans la salle d'honneur du Vatican, en pendant à la *Transfiguration de Raphaël*. C'est une belle composition qui joint
à une parfaite ordonnance, une grande richesse de coloris.
Les expressions sont admirables, surtout celle de saint Jérôme. On a reproché au Dominiquin la nudité presque
complète du mourant à côté des brocarts d'or et d'argent
qui se drapent si merveilleusement sur les épaules des autres personnages, mais c'est là un heureux contraste, un
moyen d'opposition qui donne plus d'éclat aux brocarts

(1) Dominiquin (*Dominico Zampieri*, dit le), né à Bologne en 1581,
mort en 1641, à Naples. Il était fils d'un cordonnier.

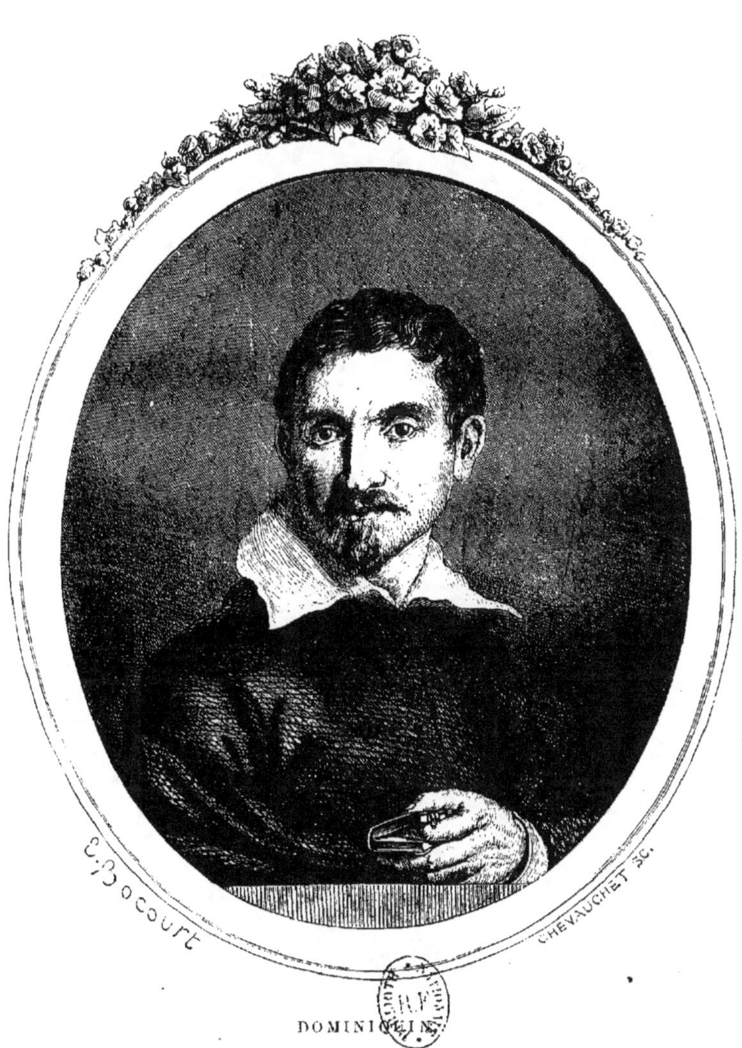

DOMINIQUIN

et plus de caractère aux tons livides du moribond. Ce chef-d'œuvre fait pour l'église d'Ara Cœli, ne fut payé que 60 écus à Dominiquin. L'histoire rapporte que les moines le reléguèrent dans un coin obscur, et qu'ayant commandé à Poussin un tableau, ils lui présentèrent la *Communion de saint Jérôme* comme une vieille toile bonne pour peindre dessus. Poussin, non-seulement fit rétablir le tableau sur le maître-autel, mais il le proclama, avec la *Transfiguration* de Raphaël et la *Descente de croix* de Daniel de Volterre, un des trois chefs-d'œuvre de la peinture. Il avait déjà, par le fait suivant, protesté contre les dédains injustes vis-à-vis d'un artiste que poursuivait une haine acharnée : seul il copiait à San Gregorio, la fresque de Dominiquin ; celui-ci, malade, s'y fit transporter et embrassa Poussin, dans lequel il trouvait un ami inconnu. La *Communion de saint Jérôme* fit partie du Musée Napoléon jusqu'en 1815.

Parmi les toiles qui occupent le troisième panneau, il y a deux beaux Corrège (1) : l'un, appelé *le Saint Jérôme*, représente la Vierge avec l'enfant Jésus, et ayant à ses côtés sainte Madeleine et saint Jérôme. C'est le chef-d'œuvre de ce maître que M. Baron a su reproduire dans cette copie ; l'original est placé à part dans un salon octogone du musée de Parme. Ce tableau éblouissant de lumière, qu'on désigne en Italie sous le nom de *il Giorno*, M. Viardot en parle en ces termes dans son livre sur les *Musées d'Italie :* « Rien de plus singulier que la destinée de cette célèbre toile qui fut peinte en 1524, dans l'année même où Corrège termina la

---

(1) Corrège (*Antonio Allegri*, dit le), surnommé *le Correggio*, du lieu de sa naissance. Il signait quelquefois *Lieto*. Né en 1494, mort en 1534, Il a mérité de la postérité le titre de *divin* qu'il ne partagea qu'avec Raphaël et Murillo. Le Corrège mourut d'une pleurésie qu'il gagna en rapportant à pied chez lui le prix d'un ouvrage qui lui fut payé en monnaie de cuivre.

coupole de San Giovanni. Une dame Briseide Cossa ou Colla, veuve d'un gentilhomme parmesan nommé Bergonzi, qui l'avait commandé à Corrège, la lui paya 47 sequins (environ 552 francs) et la nourriture pendant six mois qu'il y travailla ; elle lui donna de plus, à titre de gratification, deux voitures de bois, quelques mesures de froment et un cochon gras. La dame légua ce tableau à l'église Sant' Antonio Abbate, où il resta jusqu'en 1749. A cette époque, le roi de Portugal, d'autres disent de Pologne, en offrit une somme considérable (14,000 sequins, suivant les uns, 40,000 suivant les autres) à l'abbé de Sant'Antonio, qui l'aurait vendu et livré pour achever son église, si le duc don Filippo, averti par la clameur publique, n'eût fait enlever le chef-d'œuvre. En 1756, le duc en fit présent à l'Académie, après l'avoir acheté du precettore de l'église de Sant' Antonio, le cardinal Pier Francisco Bussi, moyennant 1,500 sequins romains, outre 250 sequins pour prix d'un autre tableau commandé à Battoni, et destiné à remplacer celui de Corrège. En 1798, à l'époque des victoires de la France, le duc offrit un million de francs pour conserver le tableau payé 47 sequins par la veuve Bergonzi; mais, bien que la caisse militaire fût vide, les commissaires français Monge et Berthollet tinrent bon, et le tableau du Corrège vint au Louvre, où il resta jusqu'en 1815.

Le second tableau est une bonne copie de M. Giacomotti d'après le Corrège de la National Gallery de Londres : *Vénus, Mercure et l'Amour*. On ne saurait porter plus loin la grâce, l'élégance et la grandeur. Mercure est assis, il donne une leçon de lecture à l'Amour encore enfant; Vénus debout tient l'arc de Cupidon et l'encourage à déchiffrer une épître amoureuse, sans doute. Le bras droit de Vénus est admirable de couleur et de dessin.

La copie de M. Monchablon d'après la *Sainte Barbe*, de

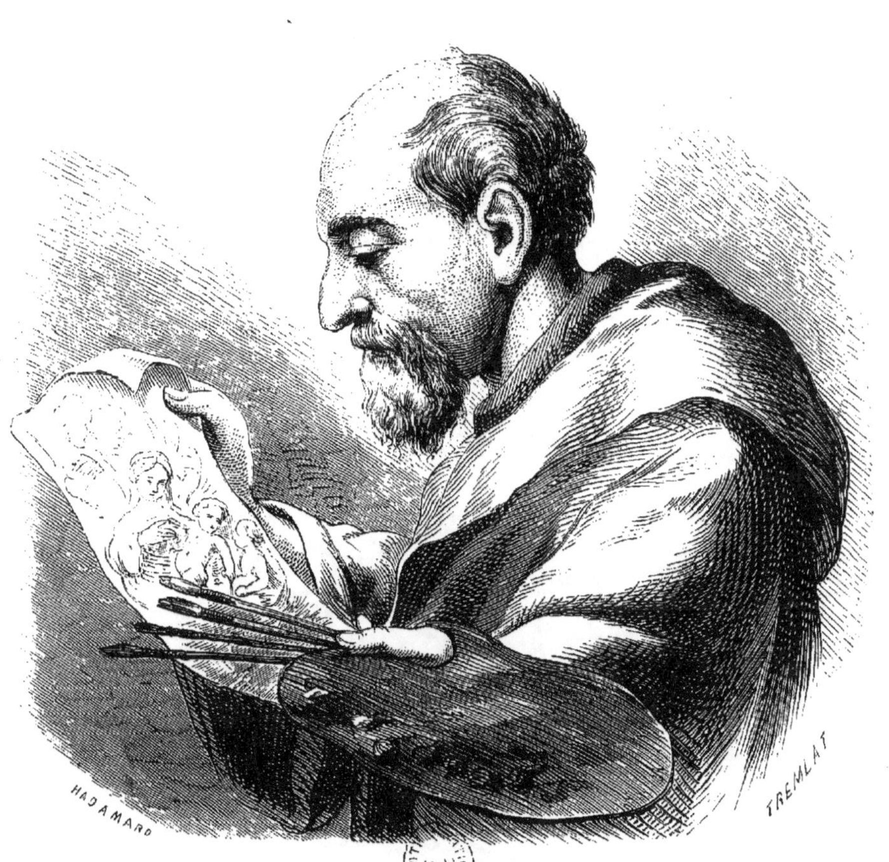

CORREGE.

Palma le Vieux (1), à l'église Santa Maria Formosa, à Venise, est encore la reproduction d'un tableau regardé
comme étant le chef-d'œuvre de ce coloriste, qu'on place à
côté de Giorgione et de Titien. Il soutient bien le voisinage
de la *Toilette de Vénus*, du Titien de la galerie Borghèse,
copie très-exacte de M. Mottez. Vénus est assise et à moitié
nue ; un amour lui présente un miroir de Venise dans le-
que elle se mire, tandis qu'un autre amour se dispose à la
couronner de fleurs ; on croit que c'est le portrait de Violanta, la fille de Palma, que Titien aima passionnément et
qui lui servit souvent de modèle. La dernière des copies
d'après le Titien placées dans cette salle, est de M. Cornu ;
c'est une *Tête de moine*, ravissante de coloris et de modelé,
tirée de la galerie des Uffizi de Florence.

Le Miracle de saint Marc délivrant un esclave du supplice,
copie de M. Mottez, d'après le Tintoret, peinture originale,
pleine de verve, de mouvement et d'éclat, et, sous ce rapport, l'œuvre la plus puissante de l'école vénitienne. Le
Tintoret (2) n'avait que trente-six ans quand il peignit ce
merveilleux tableau qui est la plus admirable de ses œuvres.
Il y a là de telles qualités de coloris, de dessin et de mouvement, des raccourcis si audacieux, une telle vigueur de
clair-obscur, tant d'harmonie et de finesse de ton, et avec
cela une vigueur de pinceau si magistrale, « que l'on ne
devrait plus, dit Viardot, appeler ce tableau *le Miracle de
saint Marc*, mais *le Miracle du Tintoret*. » Ce chef-d'œuvre,
aujourd'hui à la galerie de l'Académie des Beaux-Arts de
Venise, fit partie du Musée Napoléon jusqu'en 1815.

---

(1) Palma (Jacopo), l'Ancien, né à Scrinelta, près Bergame, vers 1480,
mort à Venise, vers 1548. Il plaça souvent dans ses tableaux le portrait
de sa fille Violanta.

(2) Tintoret (*Giacomo Robusti*, dit le), né à Venise en 1512, mort
en 1594, fils d'un teinturier auquel il doit son surnom.

A côté du *Miracle* du Tintoret, on a placé une copie de
M. Riss, d'après la *Descente de croix*, de Paul Véronèse, de
la galerie de l'Ermitage, à Saint-Pétersbourg. Le Christ est
déposé à terre sur son linceul ; la Vierge soutient le haut
du corps et contemple les traits divins de son fils, tandis
qu'un ange soulève le bras gauche du Christ comme pour
examiner la plaie de la main.

Le quatrième panneau de cette salle est occupé par une
très-jolie copie de M. Blanchardet, d'après l'une des peintures de Vittore Carpaccio (1), faite en 1475 : *Les ambassa-
deurs du roi d'Angleterre devant le roi Mauro, pour lui demander la main de sa fille*. C'est le plus remarquable des
huit tableaux composant la collection de *la Légende* (le
Songe) *de sainte Ursule*, à la galerie de l'Académie des Beaux-
Arts de Venise.

(1) Carpaccio (Vittore), et non *Scarpaccia* ni *Scarpazza*, né vers 1450,
mort vers 1522.

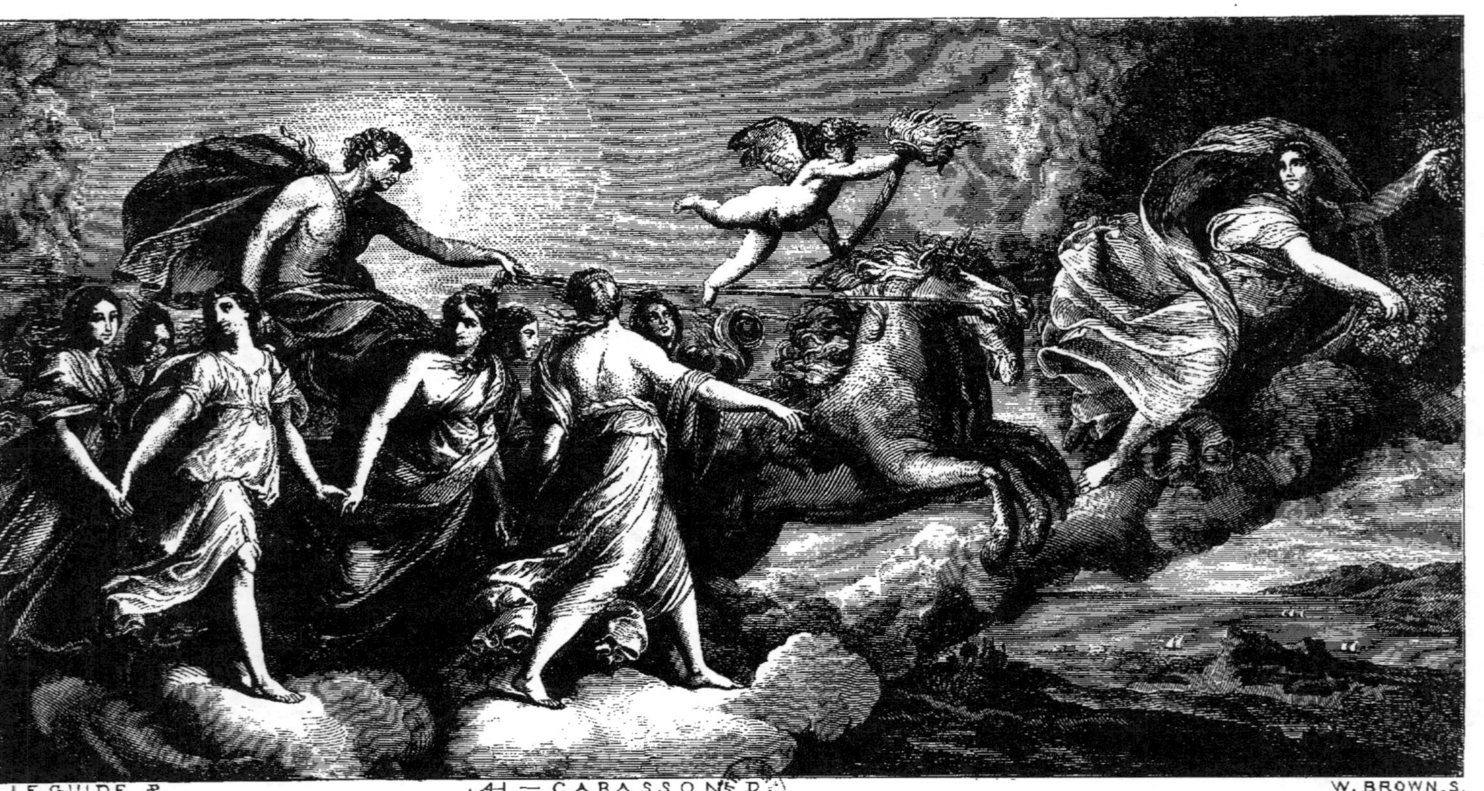

LE GUIDE. P.   AH — CABASSON D.   W. BROWN. S.

L'AURORE CHASSANT LA NUIT.

SALLE QUATRIÈME

Ghirlandajo : Naissance de la Vierge. — Guido Reni : L'Aurore chassant la Nuit. — Le Dominiquin : Sainte Cécile distribuant des vêtements aux pauvres ; — le Possédé. — Melozzo da Forli : Platina aux pieds de Sixte IV. — André del Sarto : la Prédication de saint Jean-Baptiste : — le Baptême de Jésus ; — la Dispute sur le mystère de la Trinité ; — la Madone au sac. — Pietro della Francesca : la Bataille d'Héraclius contre le roi des Perses.

Si la salle précédente est riche en reproductions de chefs-d'œuvre du Titien, celle-ci ne l'est pas moins en copies d'après André del Sarto, et surtout en fresques célèbres qui sont la preuve la plus convaincante, la plus irréfutable de l'utilité et de l'absolue nécessité d'un musée des copies pour servir à l'histoire de l'art et à l'éducation des artistes.

Au centre du panneau, à droite en entrant, est une grande copie de M. Leroux, laquelle rend bien l'admirable fresque de Guido Reni (1), *l'Aurore chassant la Nuit*, l'une des plus célèbres peintures de l'école Bolonaise, et qu'il serait intéressant et instructif de pouvoir comparer à *l'Aurore*, du Guerchin, de la villa Ludovisi. La poétique composition du Guide, que la gravure a popularisée dans le monde entier, orne le plafond du salon d'un pavillon du jardin du palais Rospigliosi (2), à Rome. « Dans cette fres-

(1) Guide (*Guido Reni*, dit le), né à Calvenzano, près de Bologne, en 1574 ou 1575, mort en 1612. Il est élève de Denis Calvaert et des Carrache.

(2) Le palais Rospigliosi fut construit pour le cardinal Scipion Borghèse par Flaminio Ponzio, sur l'emplacement des thermes de Constantin, dont on conserve des fragments au rez-de-chaussée. Il fut ensuite acheté par le cardinal Mazarin, qui le fit agrandir sur les dessins de

que, dit M. E. de Toulgoët, l'Aurore, fendant les airs, précède Apollon, assis sur son char et guidant ses chevaux
divins; c'est une belle femme, aux formes opulentes, et
chargée de draperies; autour du char sont rangées les
Heures, filles de Jupiter, groupe très gracieux, et qui rappelle beaucoup un bas-relief antique de la villa Borghèse.
Toutes ces figures sont bien disposées et drapées, les chevaux tigrés sont bien olympiens, le ton général est doux,
calme, agréable, tout est parfaitement classique... »

La copie de M. Bourgeois nous montre une fresque
beaucoup moins bien conservée que l'*Aurore* du Guide,
c'est celle de la *Nativité de la Vierge*, une des fresques que
Domenico Ghirlandajo (1), le maître de Michel-Ange, a
peintes dans le chœur de l'église Santa-Maria Novella (2), à
Florence. Ghirlandajo est un des maîtres qui, comme Masaccio, ont le plus contribué à dégager l'art des liens de la
tradition et à le pousser en avant. Le premier, il imita par
la couleur l'effet de la dorure, et par une juste distribu·
tion de la lumière, fit distinguer les plans occupés par les
divers groupes; en un mot il inventa la perspective aérienne.
Jusque-là les peintres n'avaient trouvé d'autre moyen de
distinguer leurs plans que par la proportion des objets représentés. On doit aussi à Ghirlandajo le perfectionnement
de la mosaïque. Ce grand artiste est considéré par M. Alfred

C. Maderno, et il resta, jusqu'en 1704, le palais de l'ambassade française, puis il passa à la famille Rospigliosi.

(1) Ghirlandajo (*Domenico Currado*, dit le), et vulgairement *del Grillandajo* (de *grillanda*, guirlande). C'était le nom d'une couronne que le
père avait contribué à mettre en vogue. Ce surnom resta à la famille
Curradi, dont le vrai nom était *Curradi Bigardi*. Le Ghirlandajo est né
à Florence en 1449, mort en 1498.

(2) L'église Santa-Maria Novella fut commencée en 1250, sur les
plans de deux dominicains, et achevée en 1357 par d'autres frères du
couvent. La façade est de Léon Batt. Alberti (1470).

de Lacaze comme le précurseur de Léonard de Vinci et
d'André del Sarte.

La troisième grande toile de ce panneau est une copie de
M. Daverdoing, d'après le tableau du Dominiquin, représentant *Sainte Cécile distribuant des vêtements aux pauvres*,
œuvre que possède l'église Saint-Louis des Français, à Rome.
Sainte Cécile, du haut d'une terrasse, vide des coffres rem-
plis de vêtements qu'elle distribue aux pauvres réunis sous
le balcon. Sur le premier plan, à gauche du tableau, une
mère corrige sa fille qui veut prendre une robe donnée à un
jeune enfant. Dans le coin opposé, un marchand juif offre
d'acheter à ces malheureux les effets qu'on vient de leur
délivrer.

Platina aux pieds de Sixte IV, copie de M. Millier, d'après
la fresque de *Melozzo da Forli*, nous montre combien il
était temps, pour la préserver d'une ruine complète, de la
détacher du mur de la bibliothèque du Vatican et de la
transporter sur toile. C'est sous le pontificat de Léon XII
que cette délicate opération a été faite, et que cette peinture a été placée au musée du Vatican, à Rome. Elle représente le pape Sixte IV assis au milieu de cardinaux et
de seigneurs, parmi lesquels on remarque : Julien de la Ro-
vère, devenu Jules II, Pierre Riario et son frère Jérôme,
seigneur de Forli, etc. ; on voit aux pieds du Saint-Père, le
célèbre Platina, auquel Sixte IV confie la direction de la
bibliothèque du Vatican. Melozzo da Forli (1) est surtout
célèbre par l'invention de l'art de faire *plafonner* les figures
au moyen de la perspective verticale dont il sut découvrir

____

(1) *Melozzo da Forli* (Francesco), et non *Mirozzo*, comme Vasari
l'écrit par erreur, est né à Forli, en 1428, mort en 1491 ou 1492. C'est
également par erreur que plusieurs biographes et l'auteur même de sa
vie, *Gir. Reggiani*, le confondent avec *Marco Melozzo degli Ambroggi*,
maître ferrarais.

et appliquer les règles. A la hardiesse, à la précision, il joignit le goût et le génie ; en un mot le Melozzo paraît avoir mérité le jugement porté par son contemporain Paccioli, qui l'appelle *pittore incomparabile e splendor di tutta Italia.*

La première toile du troisième panneau de cette salle est une copie de M. Bezard, *le Possédé*, d'après une des fresques peintes par le Dominiquin à l'âge de 39 ans, à la chapelle de l'abbaye des moines grecs de l'ordre de Saint-Basile, située dans le petit village de Grotta-Ferrata, près de Frascati. On peut juger par cette copie de l'état de délabrement de ces fresques, en dépit et peut-être à cause des restaurations qu'elles ont déjà subies.

La *Bataille d'Héraclius Constantin, empereur d'Orient, contre le roi des Perses*, est une des curieuses fresques de Pietro della Francesca (1), à l'église San-Francesco, à Arazzo. La copie que nous voyons, œuvre consciencieuse de M. Loyeux, atteste, par les parties détruites, une ruine prochaine de ces fresques, si estimées de Vasari et qu'on devrait se hâter de copier ou de détacher du mur pour les appliquer sur toile. Quelques auteurs prétendent que cette composition donna, à Raphaël, l'idée de la *Bataille de Constantin*, qu'il a peinte à fresque au Vatican, et dont une copie se trouve dans la cinquième salle, ce qui permet de se convaincre qu'il n'y a aucun rapport entre les deux compositions.

De chaque côté de cette fresque sont deux grisailles d'André del Sarto (2), *le Baptême du Christ*, la *Prédication*

(1) Francesca (*Pietro Borghèse della*), né à Borgo San-Sepolcro (Toscane), vers 1398, mort vers 1484. Son véritable nom est Pietro Borghèse, mais par reconnaissance pour les soins et le dévouement de sa mère, il adopta le surnom que, suivant l'usage italien, on lui donnait dans son enfance : *Pietro della Francesca* (Pierre fils de Françoise).

(2) Andrea del Sarto (*Andréa Vannucchi*, dit), surnom qu'il doit à la

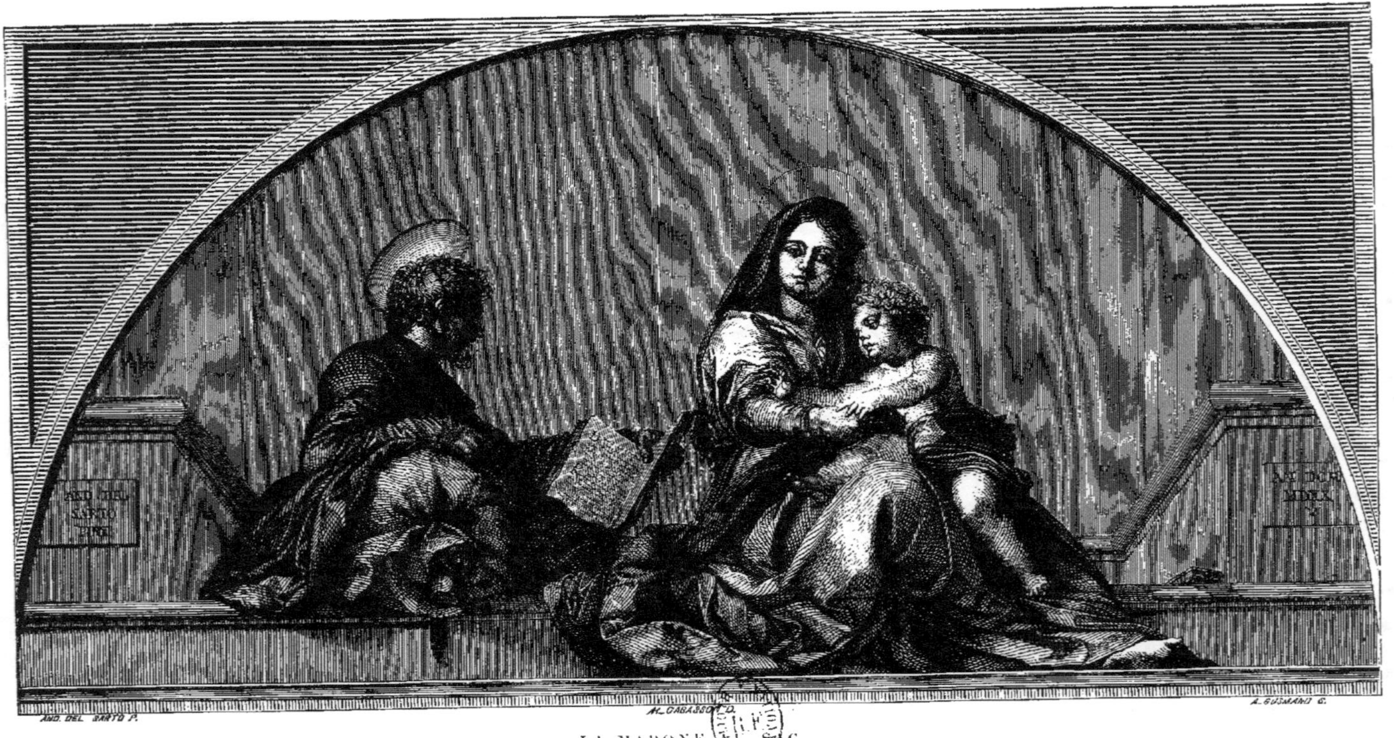

AND. DEL SARTO P.   AL. GABASSO D.   A. GUSMANI G.

LA MADONE DU SAC.

de saint Jean-Baptiste, copies de M. Vimont d'après les peintures du couvent des Scalzy, à Florence.

La copie de M. Boissard, d'après le tableau d'André del Sarto de la galerie Pitti, représente la *Dispute sur le mystère de la sainte Trinité*. Dans cette composition figurent saint Augustin, saint Pierre martyr, saint François, saint Laurent, saint Sébastien et sainte Marie-Madeleine. En parlant de cette œuvre d'André del Sarto, M. Viardot dit : « Je ne connais rien qui puisse donner une plus haute et plus complète idée de sa composition grandiose et savante, de son élévation de style, de sa vigueur d'expression, puis enfin de toutes ses qualités d'exécution. »

Le dernier panneau de cette salle est consacré à la belle copie de M. Barrias, faite d'après la célèbre fresque de la *Madone au sac* (Madonna del sacco), du cloître de l'Annonciation ou des Servites (*Servi di Maria*), à Florence, et que l'on considère comme un chef-d'œuvre d'André del Sarte (1524). La Vierge, assise, tient l'Enfant Jésus qui veut s'élancer pour prendre le livre ouvert devant saint Joseph, accoudé sur un grand sac de grains. On croit que ce sac a été placé là par l'artiste parce qu'il ne reçut d'autre paiement qu'un sac de grains. Cette Vierge louée par Michel-Ange et le Titien est un chef-d'œuvre de grâce, de naturel et de pureté; on y trouve même une grandeur de style qui n'est pas ordinaire à ce maître. Cette fresque a beaucoup souffert des infiltrations de la voûte ; la tête de saint Joseph est presque entièrement effacée. Les anciens moines avaient obtenu ce chef-d'œuvre pour rien; les nouveaux ne font rien pour le protéger, et Florence, devenue insouciante à ses titres de gloire, les laisse dépérir.

profession de tailleur que son père avait exercée (André du tailleur). Il est né à Florence en 1488 et mort en 1530.

SALLE CINQUIÈME

Titien : le Martyre de saint Pierre, dominicain ; — l'Assomption de la Vierge. — Guerchin : l'Ensevelissement de sainte Pétronille. — Giotto : le Baiser de Judas ; — la Rencontre de sainte Anne et de saint Joachim ; — les Fêtes des noces de la Vierge ; — la Résurrection de Lazare. — Raphael : Héliodore chassé du temple de Jérusalem ; — la Bataille de Constantin. — Michel-Ange : la Barque des damnés ; — la Création de l'homme ; — la Création de la femme ; — les Fils de Noé ; — Neuf pendentifs de la chapelle Sixtine.

Ceux qui, après avoir vu les quatre premières salles de ce musée, nieraient encore l'utilité d'une collection de copies d'après les grands maîtres, trouveront dans cette cinquième salle plus d'un argument qui convaincra même ceux auxquels la nature a refusé ce sentiment délicat, ce goût du beau et du noble qui élève l'âme et fait aimer les œuvres d'art ; ils trouveront une grande copie, par Appert, du tableau du Titien : *le Martyre de saint Pierre, dominicain*, assassiné en 1227, dans un bois près de Milan, en revenant d'un concile. Cette célèbre peinture sur bois, qu'un décret du sénat de Venise avait défendu de vendre *sous peine de mort*, fut transportée sur toile, alors qu'elle faisait partie du Musée Napoléon, au Louvre. Reprise en 1815, elle était à Santi-Giovanni-e-Paolo (1), à Ve-

(1) Santi-Giovanni-e-Paolo (vulgairement *San-Zanipolo*), église de style gothique (1236-1430), est une espèce de Panthéon rempli de monuments élevés aux doges et aux grands-hommes de la république de Venise, qui en font un splendide musée. « On est presque choqué, dit Vasari, de voir l'homme occuper tant de place dans la maison du Seigneur. »

nise, où elle fut détruite en 1866, par un incendie. Du reste, ce
chef-d'œuvre était condamné à une destruction plus ou moins
rapprochée mais inévitable, d'après ce passage d'une lettre
écrite il y a une vingtaine d'années : « Cette magnifique
peinture du Titien, placée sur un autel à l'entrée de l'église,
est exposée à l'humidité du voisinage des canaux, à la
fumée des cierges allumés pendant les cérémonies religieuses, et au frottement continuel du rideau destiné à le
soustraire aux curieux et qu'on tire vingt fois par jour,
moyennant rétribution. Elle avait tellement noirci, qu'il
a fallu procéder à son nettoyage. Décrassée, dévernie, re-
vernie, claire et brillante, elle va recommencer de nouveau
à s'enfumer peu à peu à la flamme des cierges jusqu'à un
nouveau nettoyage. En présence de ces alternatives mena-
çantes pour la durée des chefs-d'œuvre dispersés dans les
églises, on ne peut s'empêcher de désirer qu'une salutaire
mesure les réunisse dans les musées. Les musées seuls
doivent être les temples de l'art. »

Eh bien ! nous le demandons, n'est-ce pas un véritable
bonheur de posséder cette précieuse et excellente copie,
cet unique fac-simile de l'une des merveilles de l'art vénitien, de l'une des œuvres les plus puissantes de la peinture
du Titien, détruite si malheureusement ! N'est-ce pas un
immense service rendu à l'histoire de l'art et aux artistes
que la création de galeries destinées à conserver les meilleures copies des fresques les plus célèbres, et dont, avant
peu d'années, il ne restera plus vestiges, ainsi que l'attestent
les très-fidèles copies des fresques de Michel-Ange, dues au
talent consciencieux de MM. Baudry et Lenepveu, membre de l'Institut.

Il y a encore dans cette salle une grande et excellente
copie de M. Serrure, d'après le tableau du Titien, *l'Assomption de la Vierge*, du musée de l'Académie des Beaux-

Arts (1), à Venise. Cette composition que Titien peignit à l'âge de 33 ans, est considérée en Italie comme son chef-d'œuvre. Le comte Cicognara découvrit cette toile enfumée, oubliée dans l'église des Frari (2) et l'échangea contre un tableau *tout neuf*.

Comme pendant au *Martyre de saint Pierre, dominicain*, du Titien, on a placé l'*Ensevelissement de sainte Pétronille*, du Guerchin (3), copie ancienne, d'un coloris si vigoureux, d'une touche si large et si franche qu'on la croirait et qu'elle pourrait bien être l'œuvre d'un maître. Voici la description la plus exacte et l'appréciation la plus judicieuse qui aient été données de ce tableau : « Rien, dit M. Charles Blanc (4), ne peut donner une plus brillante idée du génie du Guerchin que sa *Sainte Pétronille*. En homme qui aime la peinture, il s'est fort peu inquiété des lois de l'unité, des lois du costume et des autres convenances ; il a voulu produire un puissant effet, pour cela il a fait jouer dans son tableau une lumière invraisemblable, mais éclatante ; il a inventé un idéal de clair-obscur. La scène représente sur le premier plan l'exhumation du corps de sainte

(1) L'Académie des Beaux-Arts, à Venise, fut instituée par le gouvernement de Napoléon Iᵉʳ. Le musée, créé en 1807, a été établi dans un couvent supprimé que Palladio avait bâti en 1552. Ces constructions étant devenues insuffisantes pour loger le musée, des salles furent ajoutées en 1822 et 1847 ; en 1853 on fit de nouveaux agrandissements et on restaura les anciennes salles. Le choix des peintures qui y furent réunies dans le principe est dû au comte Cicognara. L'Académie des Beaux-Arts est principalement un musée vénitien.

(2) L'église des Frari (*Santa-Maria-Gloriosa dei Frari*) est un vaste édifice construit par les frères mineurs de l'ordre de Saint-François en 1250. La façade ogivale date du xivᵉ siècle.

(3) *Guerchin* (Francesco Barbieri, dit le), peintre de l'école bolonaise, né à Cento, en 1590, mort à Bologne en 1666. Devenu louche de l'œil droit à la suite de convulsions qu'il eut dans son enfance, on lui donna le surnom de *Guercino* (louche) que l'histoire lui a conservé.

(4) *Histoire des Peintres de toutes les écoles.*

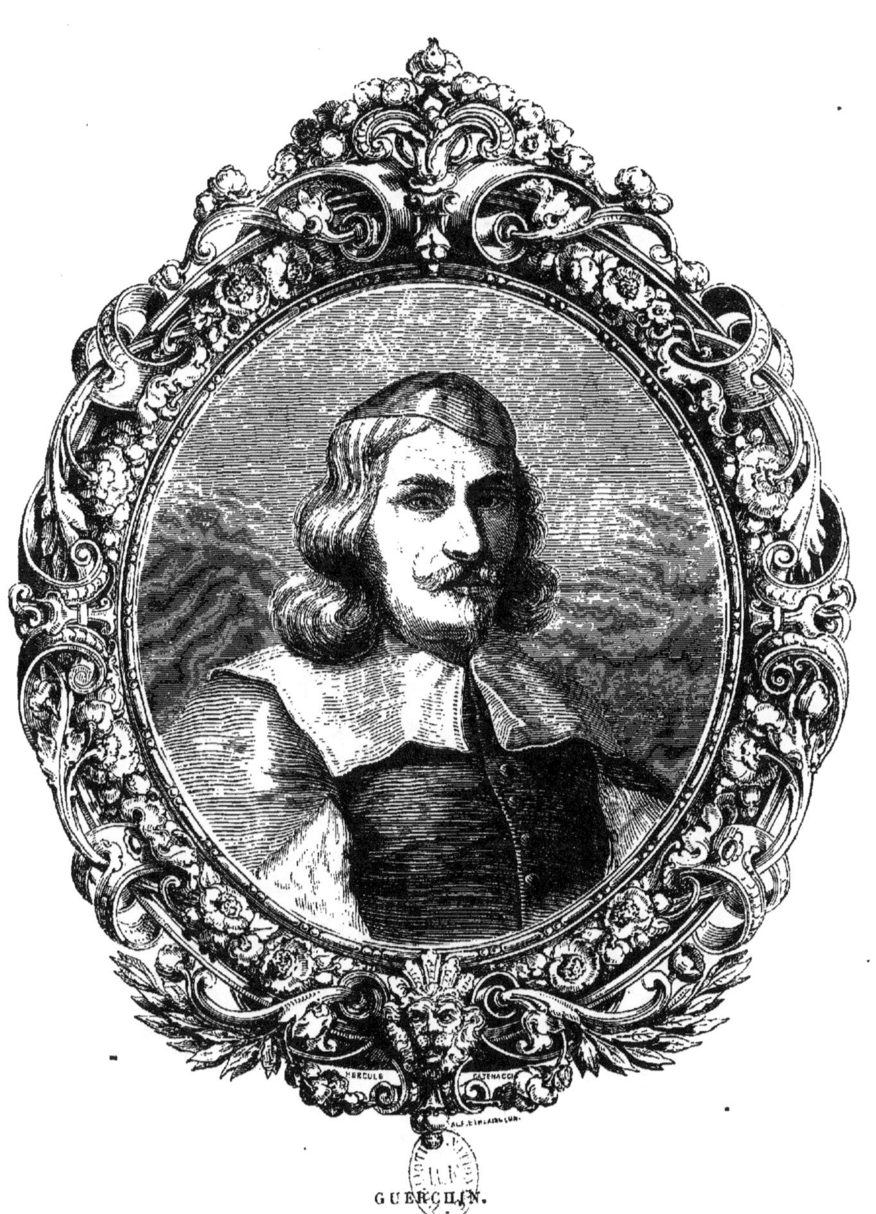

GUERCHIN.

Pétronille : beau cadavre, que soutiennent délicatement
de rudes fossoyeurs à la peau brune, auprès desquels on
remarque un jeune élégant. C'est le fiancé de la morte ou
plutôt de la sainte ressuscitée ; car, en levant les yeux, on
retrouve encore son image dans le haut de la composition :
on la voit monter sur les nues vers l'Éternel, et entourée d'anges qui lui ouvrent le paradis. Quelle naïveté de
conception !... et comme c'est bien là une idée de peintre !
Pour nous faire comprendre qu'une âme s'envole aux cieux,
le Guerchin ne s'embarrasse point dans des subtilités poéti-
ques ; il nous montre ingénument deux fois la même figure :
ici morte, là vivante. En bas, c'est le corps ; en haut,
c'est l'âme ; mais l'âme, aussi bien que le corps, a des
formes humaines et s'enveloppe de draperies terrestres ; elle
est visible à l'œil, sensible au toucher, car il a fallu que le
peintre fît passer la peinture avant la poésie. De loin, tout
le tableau n'est qu'une masse brune, semée confusément
de taches blanches ; de près, chaque figure se prononce,
chaque objet se modèle, s'accuse, chaque détail se caractérise ; une exécution chaleureuse et magique enchante le
regard, à ce point que le spectateur n'a pas le loisir de se
demander si une telle lumière est possible, si une scène en
plein air peut offrir des ombres aussi tranchées et des clar-
tés semblables à celles d'une lampe dans un tombeau. »
M. Viardot trouve que le fiancé de Pétronille n'est pas
assez affecté en voyant reparaître au fond de la fosse le
cadavre de sa bien-aimée et que la scène n'est pas assez
mystérieuse. Mais il reconnaît qu' « on ne saurait tirer un
plus grand parti de la science du clair-obscur, si cher aux
Bolonais, ni mettre mieux en pratique le précepte de Michel-Ange, qui écrivait à Varchi : « La meilleure peinture,
« selon moi, est celle qui arrive le plus au relief. » Ce tableau
décorait un autel de la basilique de Saint-Pierre, à Rome,

où il fut remplacé par une copie en mosaïque. Par suite
des conquêtes de Napoléon Ier, il fut transporté au musée
du Louvre et il y resta jusqu'en 1815. Il est aujourd'hui au
musée du Capitole (1), à Rome.

De chaque côté de l'*Assomption de la Vierge*, du Titien,
sont quatre copies de M. Hénault : *la Résurrection de Lazare, la Rencontre de sainte Anne et de saint Joachim, le
Baiser de Judas, les Fêtes des noces de la Vierge*, d'après les
fresques que Giotto (2) a peintes, à l'âge de 28 ans, dans
l'église dell'Arena (3). Ces copies nous montrent l'état auquel le temps les a réduites et leur ruine certaine dans peu
d'années. On voit dans ces intéressantes peintures que
Giotto ne tarda pas à surpasser son maître, Giovanni Cima-

(1) Le Capitole moderne ne rappelle en rien l'idée que nous nous
faisons du Capitole antique, et M. Viardot a raison de dire que « les
Romains modernes, qui ont appelé l'ancien Forum, *la Foire aux vaches
(campo Vaccino)*, n'ont pas même respecté ce grand nom de *Capitole*
qui devait à jamais planer sur la ville éternelle. Ils ont fait, pour désigner son emplacement, ce nom étrange *campidoglio*, qui indique un
champ de colza ou un champ d'huile (*campi d'oglio*). » Les conserva-
teurs (magistrats municipaux) ayant enfin décidé que l'on restituerait
au Capitole une partie de son antique splendeur monumentale, le pape
Paul III chargea Michel-Ange, qui était âgé, de faire les dessins des
édifices à élever. Jacques de la Porte acheva, d'après ces dessins, les
constructions commencées, et ce fut lui qui éleva l'édifice du musée du
Capitole. Le musée fut commencé par Clément XII, et enrichi succes-
sivement par Benoît XIII, Pie VI, Pie VII et Léon XII. Ce fut au Capitole qu'on couronna Pétrarque, le 8 avril 1341.

(2) *Giotto* (*Angiolotto* ou *Ambrogiotto* Bondone, dit par abrévation),
peintre, sculpteur, architecte et poëte toscan, né à Colle, en 1276, mort
à Florence le 8 janvier 1336. Tout en gardant les troupeaux, son goût
naturel le portait à reproduire les objets qui frappaient sa vue. Un
jour qu'avec du charbon il avait tracé sur un rocher et avec une grande
vérité une brebis qui attira l'attention de Giovanni Cimabué, celui-ci,
devinant ce qu'il y avait d'avenir dans ce pâtre-artiste, le demanda à
son père et le mit au nombre de ses élèves.

(3) L'église dell'Arena fut fondée en 1303 par Enr. Scrovigno, dont
elle renferme le tombeau.

bué : les mains roides, les pieds en pointe, les yeux fixes
ou hagards, qui tenaient de la peinture byzantine, s'animè-
rent sensiblement dans ses compositions. « Quand on remarque, dit Lanzi, dans ses attitudes majestueuses la di-
gnité imposante de l'antique, on peut à peine douter qu'il
n'ait beaucoup profité des marbres qu'il avait sous les yeux. »
Et plus loin il ajoute : « C'est à lui qu'on doit l'art de faire
des portraits : c'est par lui que les traits de *Dante*, de *Bru-
netto Latini* et de *Corso Donati* nous ont été transmis. »
Lanzi se trompe en faisant Giotto l'inventeur du portrait ;
tous les artistes qui l'ont précédé se sont appliqués à reproduire les traits de personnes aimées ou célèbres. Mais il a
raison s'il entend dire seulement que Giotto est le premier
qui réussit à approcher de l'animation, de l'expression de
la physionomie.

Entre le *Saint Pierre* du Titien, et la *Sainte Pétronille*,
du Guerchin, se trouve une belle copie de M. Paul Baze
d'après la fresque de Raphaël peinte au Vatican et représentant : *Héliodore entré dans le temple de Jérusalem pour
le piller, et miraculeusement frappé de verges.* Cette grande
composition, très-mouvementée, marque une époque solennelle entre l'art du passé et l'art de l'avenir. Raphaël y
montre un talent tout à fait dégagé de la manière pri-
mitive du Pérugin, son maître ; il y révèle un dessin
aussi large que savant, une nouvelle interprétation de l'art
monumental inconnue jusqu'alors. « Heliodore renversé,
dit M. de Toulgoët, se soutient d'une main et cherche de
l'autre à garantir sa tête, tandis qu'une urne remplie d'or
se répand à ses côtés. Rien de terrible comme ce messager
divin qui porte la colère de Dieu et dont le cheval se cabre,
l'œil enflammé, les naseaux frémissants ; rien de magnifique
comme le mouvement des jeunes hommes armés de verges
qui fendent l'air sans toucher le sol. Au fond, devant l'autel

éclairé par le chandelier à sept branches, le grand prêtre
Onias, entouré des lévites, prie avec ferveur, les mains
jointes et la tête levée au ciel. » Quelques auteurs prétendent que dans cette fresque Raphaël a voulu faire allusion
à Jules II qui avait dit : « Il faut jeter dans le Tibre les clefs
de saint Pierre, et prendre l'épée de saint Paul *pour chasser
les barbares*. » C'est en effet Jules II qui est en scène, sur le
premier plan à gauche du tableau, porté sur la *sedia gesta-
toria*, et parmi ses porteurs on reconnaît dans les deux
premiers les portraits du graveur Antoine Raimondi et de
Jules Romain, l'élève favori de Raphaël. Cette peinture fut
terminée en 1512.

La Bataille de Constantin (1) *contre Maxence* (2), qui occupe tout un panneau de cette salle, est regardée comme
étant la plus grande fresque connue ; elle mesure 35 pieds
de longueur sur 15 de hauteur. Cette admirable composition de Raphaël a été presque entièrement peinte par Jules
Romain. Le divin maître voulait faire l'essai d'un nouveau
mode de peinture dont se servait Sébastien del Piombo, et
qui consiste à peindre à l'huile sur un enduit de chaux ;
mais la mort l'enleva, et Jules Romain, après avoir gratté
l'apprêt déjà fait pour peindre à l'huile, acheva cette
grande page par les procédés ordinaires de la fresque. On
remarque ici, comme dans les dernières peintures de Raphaël, l'abus du noir dû à Jules Romain. Combien il y a
loin de cette couleur désagréable au coloris charmant des
premières fresques exécutées par Raphaël lui-même !....
— « Cependant, dit M. de Toulgoët, l'œil se fait à tous ces

(1) Constantin ou Constantinus (*Caius-Flavius-Valerius-Aurelius
Claudius*), surnommé *le Grand*, empereur d'Orient, né à Naissus, dans
la Dacie, en 274 environ, mort à Nicomédie, le 22 mai 337, après Jésus-
Christ.

(2) Maxence (*M -Aurelius-Valerius* Maxentius), empereur romain, ré-
gna de 306 à 312, après Jésus-Christ.

défauts, et l'on reste saisi d'admiration devant cette magnifique ordonnance, où le maître a su conserver l'unité
d'action au milieu des nombreux épisodes d'un combat
corps à corps. Quel pêle-mêle prodigieux de fantassins,
de cavaliers, de soldats romains armés de pied en cap,
de barbares à moitié nus ; quels entrelacements de lances, de javelots, d'épées et de poignards, d'hommes et de
chevaux souillés de poussière et de sang !... Au centre,
l'empereur, à cheval, couvert d'une armure d'or et d'un
manteau de pourpre, tient à la main un javelot, et le dirige contre Maxence, qui forme avec lui un contraste frappant. Rien de plus noble, de plus calme, de plus grand
que la figure de Constantin; rien de plus vulgaire, d'ab-
ject, d'ignoble comme celle de Maxence ; c'est bien là
le misérable qui, pendant six ans, inonda de sang l'Europe et l'Afrique. Comme les hommes sanguinaires, il est
lâche; près de périr dans le fleuve, il se cramponne au cou
de son cheval qui perd pied, la terreur contracte ses traits
hideux !... Au fond du tableau on aperçoit la campagne de
Rome, terminée d'un côté par le pont Milvius, *ponte Molle*,
et de l'autre par le mont Janicule, *monte Mario.* »

Cette salle, qui sera sans doute un jour consacrée tout
entière aux œuvres de Michel-Ange (1), comme le grand
salon d'entrée l'est aux œuvres de Raphaël, compte déjà
douze reproductions des chefs-d'œuvre de ce génie extraor-
dinaire. Mais les fresques de Michel-Ange ne sont pas de
celles que l'on comprend de prime abord, il faut que l'œil
du visiteur, habitué aux tons brillants, séduisants de la
peinture à l'huile, se fasse aux tons sévères, ternes et passés
de la fresque, dont l'impression première est toujours fâ-

____

(1) Michel-Ange (Michelangelo-Buonarroti), célèbre peintre, sculpteur,
architecte, ingénieur et poëte italien, né le 6 mars 1475, en Toscane,
mort à Rome le 17 février 1564, âgé de près de 89 ans.

cheuse. Aussi est-ce avec raison que Constantin, dans son ouvrage : *Idées italiennes*, conseille à l'amateur qui visite Rome de se préparer à voir les fresques de la chapelle Sixtine (1), en commençant d'abord par celles du Guide, du Guerchin, du Dominiquin aux palais Rospiglioni et Costaguti, à Saint-André et à Saint-Onuphre, pour finir par celles de Raphaël au Vatican, et de Michel-Ange à la chapelle Sixtine. Une fois cet apprentissage fait, il aimera la fresque, et, s'il a vraiment le sentiment de l'art, nous affirmons qu'il aimera la fresque plus que toute autre peinture. Car, malgré toutes les critiques dont elles ont été l'objet, les peintures de la chapelle Sixtine restent l'œuvre la plus étonnante qui existe, et feront toujours l'admiration des artistes. Et, en voyant les onze copies de M. Baudry, nous avons compris que ce maître ait entrepris, il y a quelques années, le voyage de Rome tout exprès pour y exécuter pour lui, pour les avoir toujours sous les yeux, ces copies d'après Michel-Ange, qu'il n'a cédées qu'à grand'peine à l'Administration, uniquement par un sentiment de dévouement dont les artistes lui sauront gré. C'est, en effet, la première fois qu'il nous est permis de connaître réellement, d'apprécier sciemment la peinture de Michel-Ange. Quelle puissance et quelle science du dessin ! comme c'est grandiose, simple et vrai ! quelle sublime et terrible épopée retracent ces peintures de la chapelle Sixtine, depuis la *Création* jusqu'au *Jugement dernier !* Il est impossible de rêver rien de plus grand, de plus majestueux que ces figures des prophètes et des sibylles. On reste saisi d'admiration quand on pense que le même homme qui a produit ces admirables peintures, a créé de non moins admirables sculptures : *Moïse, Il Pensiero,* la *Madonna*

(1) La chapelle Sixtine fait partie du Vatican. Elle doit son nom à Sixte IV qui la fit construire vers l'an 1473, par Baccio Pintelli.

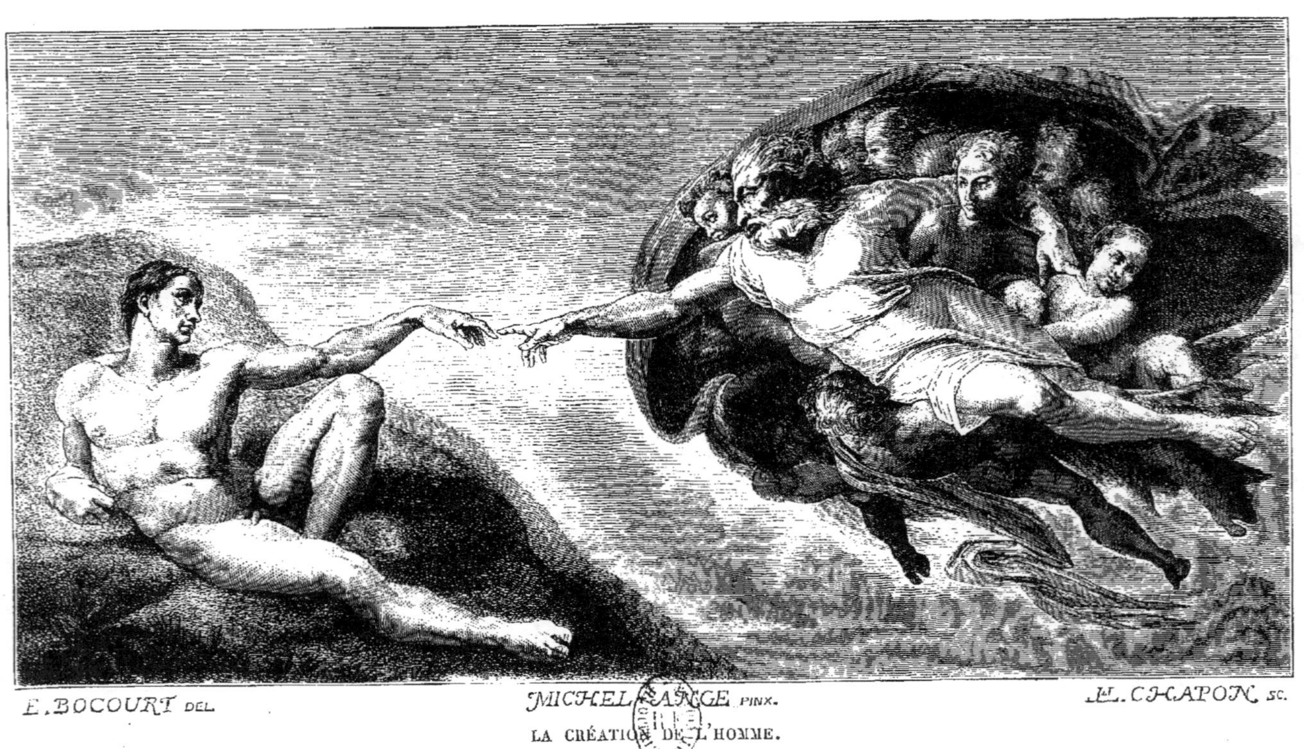

E. BOCOURT DEL

MICHEL-ANGE PINX.

LL. CHAPON SC.

LA CRÉATION DE L'HOMME.

del'a febbre, et de non moins admirables monuments d'architecture : là basilique de *Saint-Pierre de Rome*, pour n'en citer qu'un, qu'il entreprit à l'âge de soixante-douze ans. Et dire que, depuis quatre siècles, il ne s'est pas révélé un génie comparable à Raphaël et surtout à Michel-Ange, qui trouvèrent l'art encore à l'état primitif, et l'élevèrent tout à coup à une perfection qu'on n'a pu atteindre depuis et qu'il sera difficile de surpasser.

L'une des plus magnifiques compositions de Michel-Ange à la chapelle Sixtine, c'est celle de la *Création de l'homme; Formavit Dominus Deus hominem de limo terræ*. L'homme est là inerte, étendu sur la terre ; Dieu le touche du doigt, l'anime et en fait un être à son image. Ici ce n'est plus l'art païen, l'idéal grec d'Apelle et de Phidias ; c'est une nouvelle expression de l'art, celle de l'ère chrétienne, la reproduction vraie de la nature ; la vie, le mouvement, l'homme tel que Dieu l'a créé. Aussi comme les formes sont viriles et d'un dessin nature, sans manquer d'élégance.

La *Création de la femme* n'est pas moins remarquable. Adam couché sur la terre nue dort profondément, et Ève, que Dieu vient de créer, le remercie avec un sentiment de grâce pudique admirablement rendu. Mais c'est surtout dans le sujet suivant qu'Ève est adorable de beauté : *Ève cueillant la pomme*. Elle est à demi couchée sous l'arbre dont elle cueille le fruit, et, en la voyant si belle, si gracieuse, on comprend qu'Adam ne saura résister à tant de charmes.

La composition du tableau représentant *Judith et Holopherne* est conçue d'une manière originale. Une servante porte sur sa tête un plat d'or sur lequel Judith vient de déposer la tête sanglante d'Holopherne, et, en franchissant le seuil de la tente, elle jette un dernier regard à l'inté-

rieur. On ne voit pas ses traits, mais on devine à son mouvement qu'elle a hâte de quitter le lieu où ce drame
vient de s'accomplir. — Le tableau, *les Fils de Noé*, est
aussi très-simplement composé. Noé, en état d'ivesse, dort
étendu nu dans le cellier; ses fils, le voyant ainsi, le cou-
vrent d'un manteau pour cacher sa nudité. Au fond on aperçoit par la porte entr'ouverte un serviteur travaillant à la
terre. — Les autres copies de M. Baudry sont six des plus
belles figures des tympans de la chapelle Sixtine.

M. Lenepveu, membre de l'Institut, a aussi, dans cette
salle, une excellente et très-exacte copie de la *Barque des
damnés*, fragment du *Jugement dernier*, de Michel-Ange,
cette immense composition qui occupe tout le mur derrière l'autel, à la chapelle Sixtine. La copie du *Jugement
dernier*, faite il y a une trentaine d'années par Sigalon, et
qu'on voyait dans le temps à l'École spéciale des Beaux-
Arts, offre beaucoup moins de traces de dégradation que
la copie plus récente de M. Lenepveu, qu'on a ici sous les
yeux. Cela prouve, une fois de plus, la rapidité des rava-
ges que font sur cette peinture l'action de l'humidité et la
fumée des cierges, et à ce train-là il serait facile de calcu-
ler l'époque très-rapprochée à laquelle cette fresque aura
entièrement disparu.

Cette gigantesque composition du *Jugement dernier*
couvre un espace de 50 pieds de hauteur sur 40 de lar-
geur, et ne compte pas moins de 300 figures. Afin que, par
l'effet de la distance, celles qui occupent le haut du tableau
ne parussent pas plus petites, Michel-Ange a augmenté
graduellement leur grandeur à partir du bas. Ainsi, les personnages du premier plan ont 2 mètres de proportion; les
groupes placés au-dessus ont $2^m,65$, et ceux plus haut, au
rang de Jésus-Christ, ont jusqu'à 4 mètres. Michel-Ange avait
soixante-six ans quand il termina cette fresque, à l'exécu-

tion de laquelle il a employé huit années. Elle fut livrée à
l'admiration de Rome et du monde entier, le jour de
Noël 1541. Cette peinture, d'un aspect si saisissant, est res-
tée une œuvre à part comme l'*Enfer* du Dante, que sans
doute le peintre a voulu rendre ; car, comme le poëte, il
place dans son enfer chrétien des divinités païennes : Mi-
nos et Caron. Il s'est également inspiré du *Jugement dernier*
de Signorelli, à la cathédrale d'Orvieto, et lui a fait des
emprunts à peine dissimulés. Son Christ lui aurait été sug-
géré par le Christ de Frà Angelico, du dôme d'Orvieto. Le
pape Paul III fit effacer trois fresques du Pérugin qui cou-
vraient la muraille où il voulait que Michel-Ange peignît le
Jugement dernier. Celles des peintures du Pérugin conservées sur les parois latérales forment, par la timidité et la pe-
titesse de leur style, un contraste frappant avec la manière
accentuée de Michel-Ange, et ne servent qu'à mieux constater le pas immense de ce maître sur ses prédécesseurs et
ses contemporains. On lui a beaucoup reproché l'abus des
figures nues dans cette peinture ; et, pour se venger de Messer Biagio, maître des cérémonies de Paul III, qui avait dit
au pape qu'un tel ouvrage n'était pas convenable dans
une chapelle, qu'il était plutôt fait pour décorer une salle
de bains, Michel-Ange a peint messer Biagio parmi les
damnés et lui a mis des oreilles d'âne. On raconte que le
maître des cérémonies s'étant plaint au pape du mauvais
tour de l'artiste, Paul III lui aurait répondu : « Si Michel-
« Ange t'avait mis en purgatoire, je tâcherais de t'en tirer ;
« mais puisqu'il t'a mis en enfer, je ne puis rien ; tu sais
« bien que là il n'y a pas de rédemption. » Néanmoins les
successeurs de Paul III n'ont pas eu le même respect pour
l'œuvre du grand artiste ; Paul IV chargea Daniel de Volterre de draper un certain nombre de figures, ce qui va-
lut à ce peintre le surnom du *Brachettone* (faiseur de

brayettes), et plus tard Clément XIII fit compléter l'*habille-ment* par Stefano Pozzi.

Le musée de Naples possède une copie du *Jugement dernier* de Michel-Ange, faite par Marcello Venusti, mais de très-petite dimension ; elle n'a que 2^m. 65 de hauteur. C'est donc à Paris qu'on viendra pour avoir une idée exacte de l'œuvre gigantesque de Michel-Ange, quand la peinture originale sera devenue complétement invisible à la chapelle Sixtine de Rome, de même qu'on vient au *Musée des copies* pour retrouver le chef-d'œuvre du Titien, le *Martyre de saint Pierre, dominicain*, de l'église Santi-Giovanni-e-Paolo, à Venise, détruit par l'incendie de 1866.

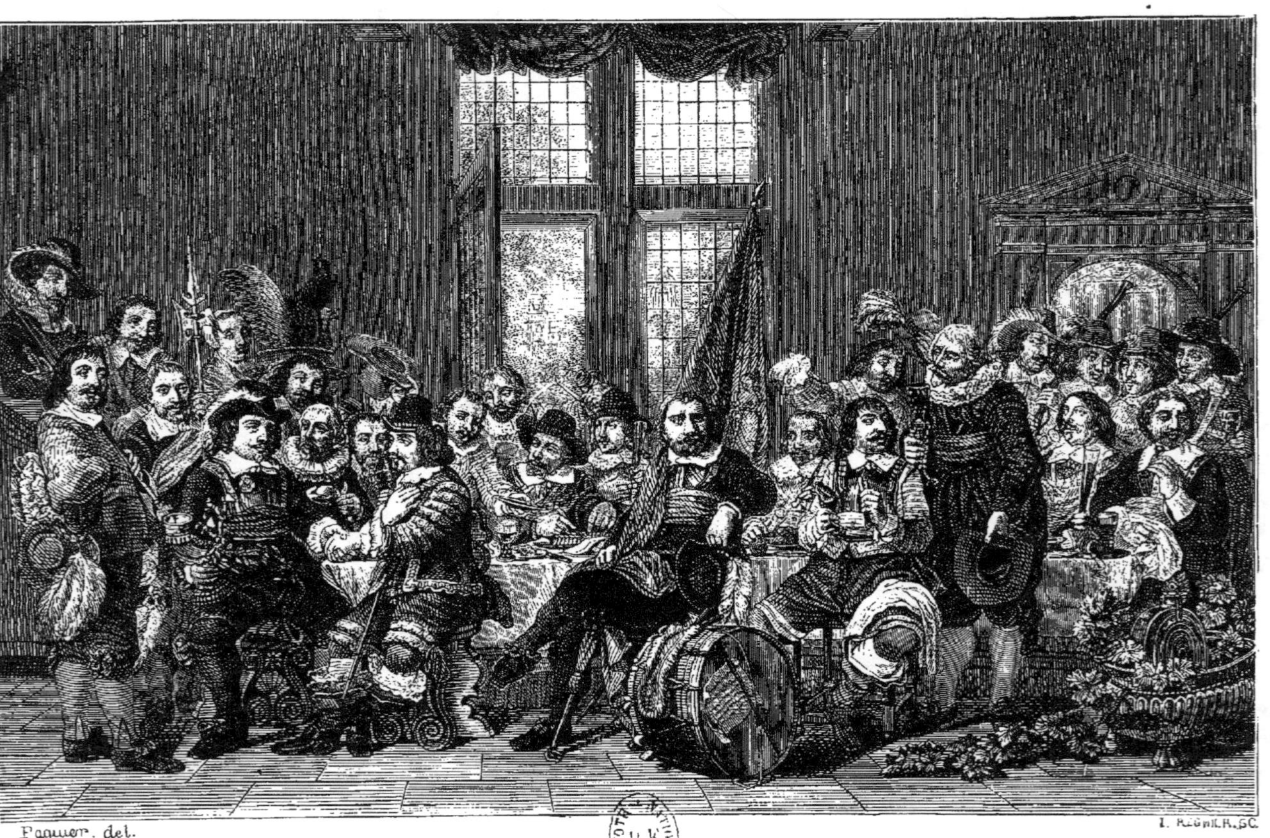

REPAS DES GARDES CIVIQUES.

SALLE SIXIÈME

Van der Helst : le Repas des gardes civiques (des *Arquebusiers*). —
Rembrandt : Portrait de sa femme, Saskia ; — les Syndics de la corporation des drapiers ; — l'Officier de fortune ; — Portrait de Titus,
fils de Rembrandt ; — la Leçon d'anatomie du docteur Tulp ; — Portrait de vieillard. — Rubens : le Coup de lance. — Holbein : la
Femme et les Enfants. — Paul Potter : le Taureau. — Poussin : le
Martyre de saint Érasme ; — Saint Matthieu, paysage ; — Bacchanale.
— Caravage : la Mise au tombeau. — Frans Hals : les Officiers du
tir de Saint-Georges. — Annibal Carrache : le Christ mort sur les
genoux de la Vierge. — Ribera : Déposition de la croix.

Cette salle est une des plus intéressantes du Musée des
copies : nous y trouvons les reproductions de chefs d'œuvre dont les gravures ne nous donnaient qu'une idée bien
incomplète. Ainsi, la grande toile qui remplit le panneau
à gauche, en entrant, est l'œuvre capitale d'un peintre
que nous connaissions à peine, Van der Helst (1), qu'on dit
le rival de Rembrandt. Cette belle copie du *Repas des
gardes civiques* (les Arquebusiers) est de M. Alexandre Colin, d'après le tableau original, autrefois à l'Hôtel de
ville, aujourd'hui placé au Musée d'Amsterdam, en pendant à la *Ronde de Nuit*, de Rembrandt. Les quinze à vingt
personnages, grands comme nature, de cette composition,
sont groupés très-naturellement. Au centre, sur le premier
plan, le porte-drapeau, bonne figure et solide gaillard,

---

(1) Helst (*Bartholomeus* Van der), né à Harlem, en 1613, mort à
Amsterdam, vers 1668. Il abandonna le paysage qu'il faisait agréable-
ment, pour se livrer uniquement au portrait : ce fut pour lui, comme
pour beaucoup d'autres, une question d'argent.

semble attendre pour trinquer avec un camarade. A sa gauche, un grand personnage, le seigneur de l'endroit peut-être, fraternise avec le chef du corps auquel il serre la main. Au côté opposé de la table, un vieux bourgeois se lève et s'avance respectueusement, le chapeau à la main, vers un officier pour trinquer avec lui, mais celui-ci a de la peine à quitter le morceau qu'il est occupé à découper. Tout le monde mange et boit avec entrain ; c'est une peinture vraie de nos bonnes fêtes de Flandre. Dans le fond, les fenêtres entr'ouvertes laissent voir les maisons en briques à pignon pointu. Le coloris de ce tableau est frais, harmonieux ; ces portraits sont vivants, bien dessinés, finement peints, tout enfin, jusqu'aux accessoires, y est étudié et rendu avec vérité.

Au milieu du grand panneau voisin, se trouve une copie de M. Riésener d'après le fameux tableau de Rubens (1), *le Coup de lance*, du Musée d'Anvers. « Ce *Calvaire*, dit M. G. « Duplessy, était destiné sans doute à quelque haute mu- « raille d'église, car les figures sont colossales. Prise d'en- « semble, cette grande composition est d'effet très-vigou- « reux. Le Christ, qui reçoit le coup de lance au côté, et « plus encore les deux larrons qui l'accompagnent, sont, « dans leurs genres opposés, trois superbes académies ; « mais le groupe inférieur de la Vierge, la Madeleine et « saint Jean, me semble plus faible et plus froid. » Jusqu'à présent, Rubens n'est représenté ici que par cette œuvre qui n'est pas de la meilleure époque du maître, celle où, moins surchargé de commandes, il faisait tout par lui-même et y mettait le temps. Combien ce grand tableau est inférieur à ceux du Musée de Valenciennes, d'une finesse de tons, d'une puissance de coloris que nous n'avons ren-

______
(1) Rubens (*Pierre-Paul*), né à Siegen en 1577, mort à Anvers en 1640.

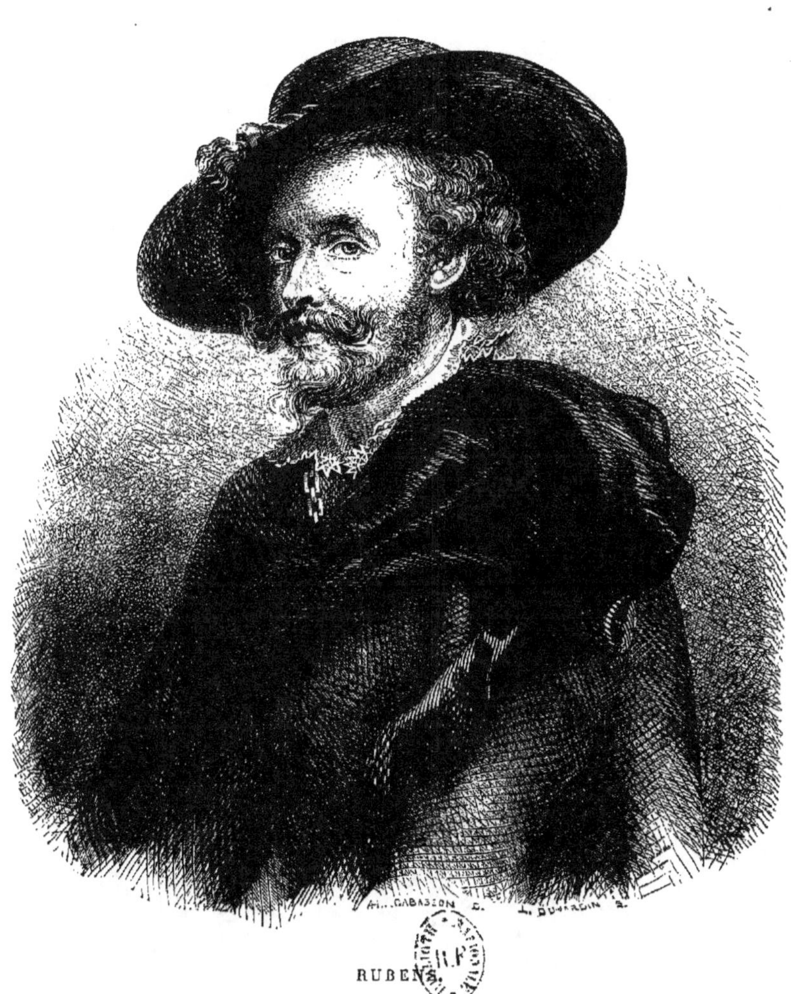

RUBENS.

contrés ni dans les Rubens de la galerie de Médicis du
Louvre, ni dans ceux du Musée de Bruxelles, ni dans ceux
de la Pinacothèque de Munich, qui possède les plus grandes toiles de ce prince de l'école flamande. Nous ne savons
quelles sont les vues de M. le Directeur des Beaux-Arts,
mais nous lui signalons le triptyque du Musée de Valenciennes, représentant le *Martyre de saint Étienne* (saint
Étienne prêchant, — saint Étienne lapidé, — la mise au
tombeau de saint Étienne, et sur la face extérieure des
volets l'Annonciation, formant tableau quand les volets
du triptyque sont fermés), et une *Descente de croix* comme
étant les plus belles productions du pinceau de Rubens.

Le Coup de lance, de Rubens, se trouve entre deux chefs-
d'œuvre de Rembrandt (1), *les Syndics de la corporation
des drapiers*, et la *Leçon d'anatomie*. Rembrandt avait
vingt-quatre ans quand il peignit le célèbre tableau de la
Leçon d'anatomie du docteur Tulp (2), dont M. Bonnat a fait
la belle copie que nous avons sous les yeux. « Le professeur, dit M. Charles Blanc, le chapeau sur la tête devant
ses élèves découverts, tient du bout de ses pinces les mus-
cles fléchisseurs de la main d'un cadavre étendu devant lui
et vu en raccourci ; il en explique le jeu mécanique ; mais
tandis qu'il instrumente avec l'indifférence d'un anatomiste
cuirassé contre les émotions de l'amphithéâtre, les sept

(1) Rembrandt (*Rembrandt Hermanszoon van Rhijn*, c'est-à-dire
Rembrandt, fils de Herman du Rhin, n'est connu que sous son nom de
baptême), né à Leyde en 1608, mort à Amsterdam en octobre 1669. Le
registre des enterrements de Westerkerk (église de l'Ouest) porte que
Rembrandt (Van Ryn) fut inhumé le 8 octobre 1669 aux frais de l'as-
sistance publique. L'enterrement coûta 15 florins.

(2) Le professeur Nicolas Tulp, devenu bourgmestre d'Amsterdam
en 1654, fut le protecteur de Paul Potter et de plusieurs autres peintres, et eut pour gendre Jan Six, dont le portrait fait partie des eaux-
fortes de Rembrandt.

auditeurs qui l'environnent semblent exprimer par leurs gestes, leurs regards et les plis de leur front les diverses manières d'écouter un enseignement, la précocité ou la lenteur de leur intelligence. » Ce tableau du Musée de La Haye appartient à la première manière du maître, ainsi que les trois jolis portraits : *l'Officier de fortune*, copié au Musée de La Haye par mademoiselle de Tuyll ; — le *Portrait de Seskia*, première femme de Rembrandt, fille de Rombertus Van Uilersborg, bourgmestre de la ville de Leuwarden, et le *Portrait de Titus*, fils de Rembrandt ; il fut un peintre peu distingué. Né en 1641, il mourut le 4 septembre 1668, un an avant son père. Ces deux portraits ont été copiés, le premier au Musée de Stockholm, par M. Breda, et le second par mademoiselle de Tuyll, à la galerie du roi de Hollande. — La toile justement célèbre des *Syndics de la corporation des drapiers d'Amsterdam* appartient à la seconde manière de Rembrandt, à celle qui caractérise la nature de son génie. « Les Hollandais, dit Bürger, appellent ce tableau *De staallmestre*, les maîtres plombiers, ceux qui mettaient l'estampille, la marque de plomb scellée, ou la plaque de métal pour constater dans la gilde des drapiers l'origine de la fabrique ou l'acquit de certains droits. » Jusqu'à ce que ce Musée nous offre une bonne copie de la célèbre *Ronde de nuit*, de Rembrandt, et que nous puissions juger cette œuvre autrement que par la gravure, toujours trompeuse, ou par les appréciations d'écrivains plus ou moins étrangers à la pratique des arts, nous tiendrons le tableau des *Syndics* comme étant la peinture la plus savante, la plus vraie de modelé, et la plus vigoureuse, la plus harmonieuse de couleur que ce maître ait produite. L'excellente copie de ce tableau faite au Musée d'Amsterdam est due au talent de M. Léon Glaize. — Le *Portrait de vieillard*, de la galerie Pitti, de

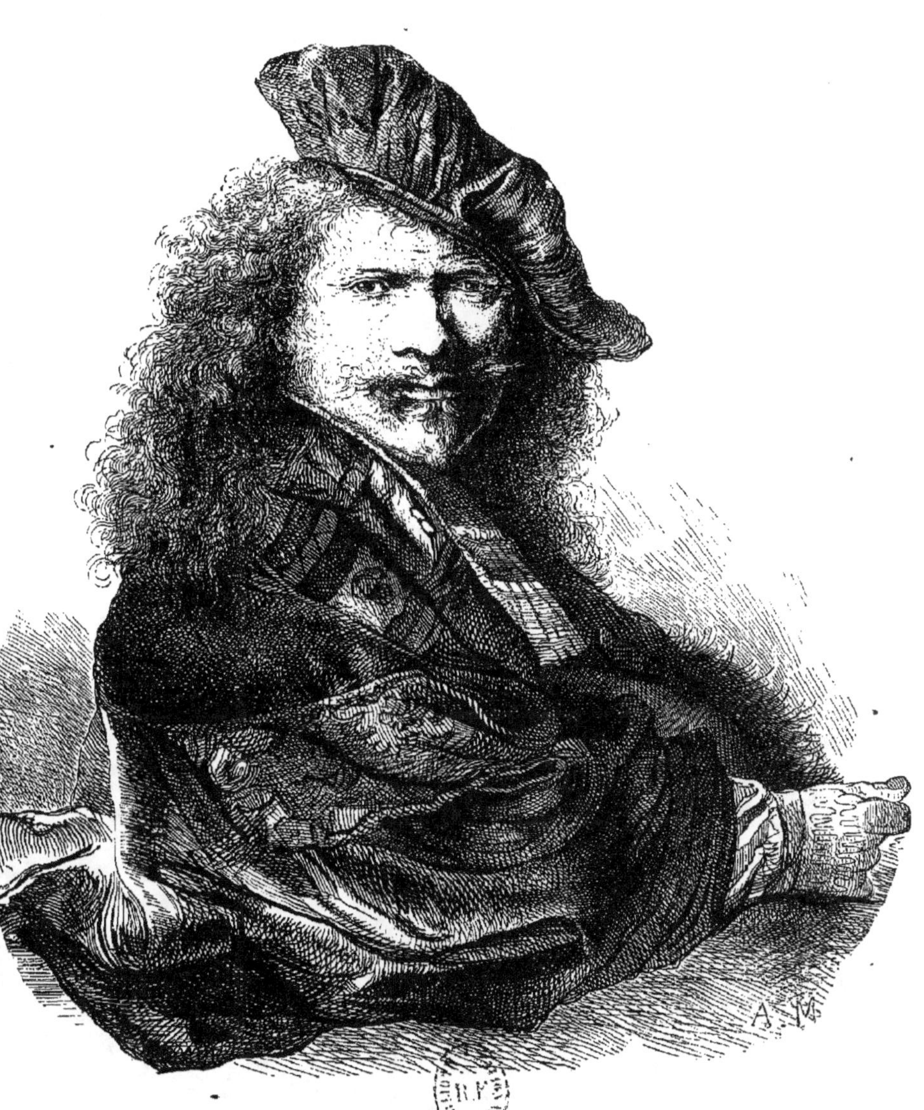

REMBRANDT.

Florence, est encore de la belle époque de Rembrandt.
Près de ce portrait de vieillard, se trouve une conscien-

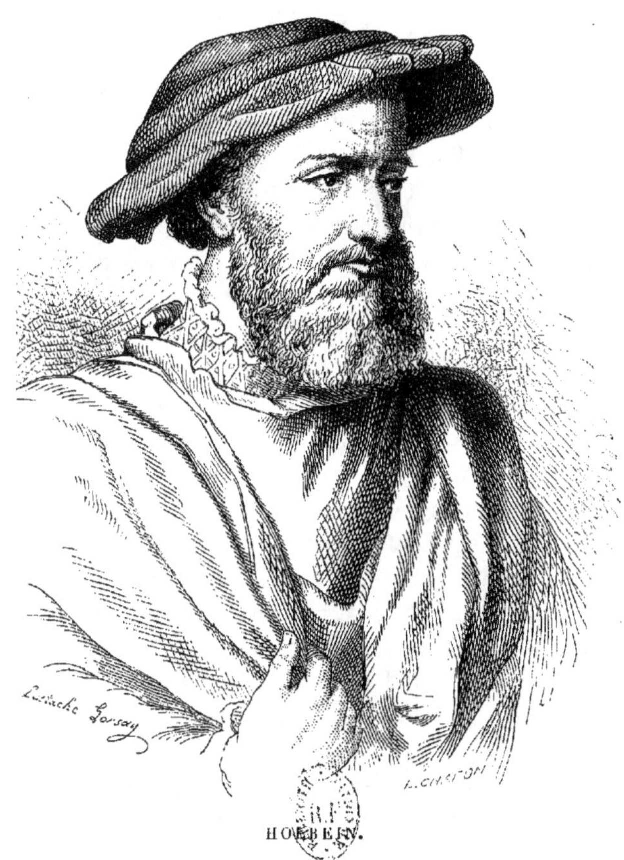

cieuse copie de M. Henner d'après le tableau d'Holbein (1) :

(1) Holbein (*Hans*), né à Bâle, en 1498, mort à Londres en 1554. Son
père, peintre médiocre, originaire d'Augsbourg, lui donna les premiers principes de son art ; le jeune Holbein, doué d'heureuses dispo-
sitions, surpassa bientôt son maître et se perfectionna de lui-même.

la Femme et les Enfants, du Musée de Bâle. Cette peinture est une des plus jolies du peintre de Henri VIII, et l'on comprend que le roi d'Angleterre voulût attacher à sa personne un tel artiste et le cas qu'il devait faire de ce grand portraitiste. Une anecdote prouve à quel point le monarque aimait son peintre : ce dernier s'étant renfermé dans son atelier, un des premiers personnages de la cour, un comte, voulut le voir travailler. Holbein s'excusa d'abord poliment; mais le seigneur franchit la porte. Une lutte s'engagea, et l'artiste, irrité, jeta le comte en bas de l'escalier; puis, pour échapper à la fureur du seigneur et de sa suite, il sauta par une fenêtre, et courut raconter l'aventure au roi, en lui demandant sa grâce. Henri la lui accorda, en l'engageant à ne pas paraître à la cour avant que l'affaire fût arrangée. On apporta bientôt le comte meurtri et ensanglanté : il fit sa plainte au roi, qui chercha à le calmer en excusant la vivacité de son peintre. Le comte, piqué, ne ménagea pas les menaces : « Monsieur, s'écria « Henri, je vous défends sur votre vie d'attenter à celle de « mon peintre. La différence qu'il y a entre vous deux est « si grande, que de sept paysans je peux faire sept comtes « comme vous, mais de sept comtes je ne pourrais jamais « faire un Holbein ! » Les portraits exécutés par Holbein sont très-nombreux, très-estimés et très-répandus. Mais pour avoir une idée complète du talent de ce maître, nous voudrions voir une copie de l'une des grandes compositions qu'on cite de lui : soit la *Danse macabre*, peinte sur le mur du cimetière de Bâle, et que Rubens estimait beaucoup ; soit la *Danse villageoise*, dans la poissonnerie de la même ville ; soit le *Triomphe de la Richesse et celui de la Pauvreté*, dans la maison d'Orient, à Londres.

Le troisième panneau de la salle est rempli par une grande et merveilleuse copie de M. Lanoue, d'après le fa-

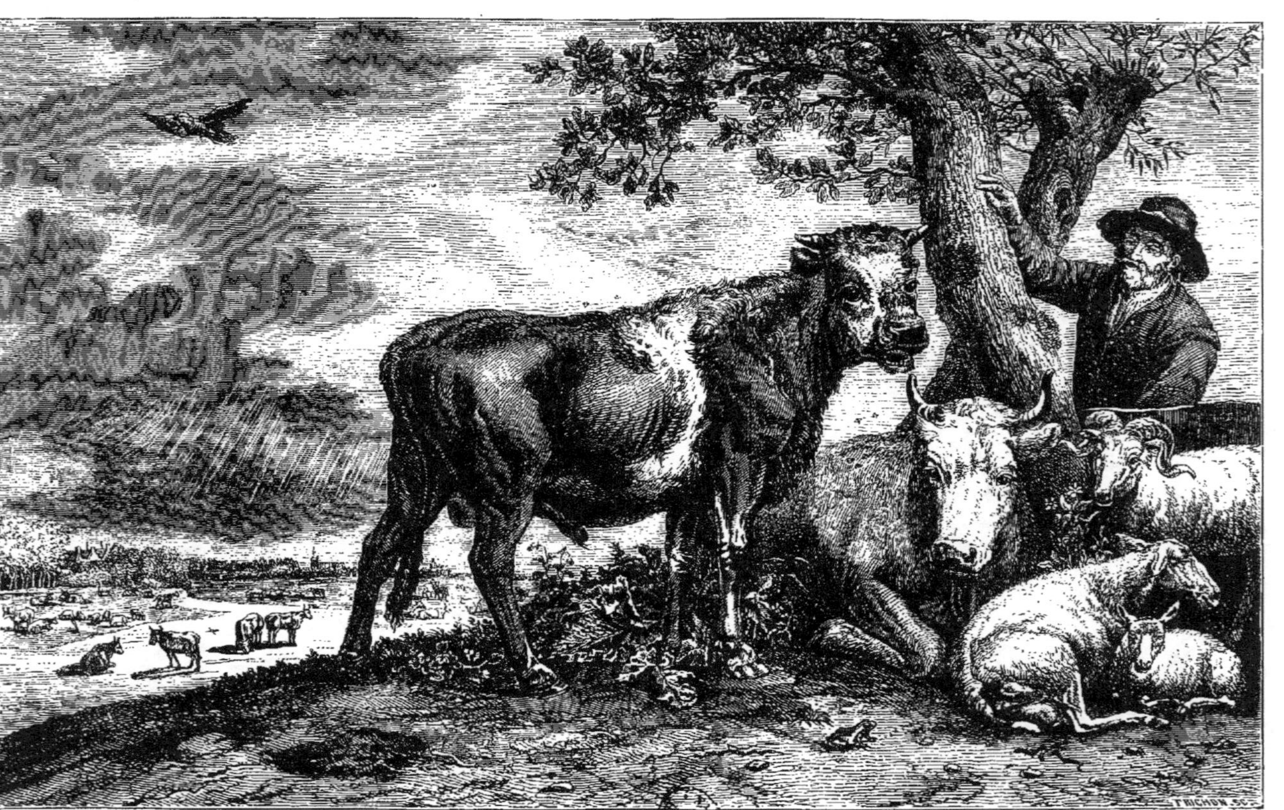

LE TAUREAU.

meux *Taureau*, de Paul Potter (1), que possède le Musée
de La Haye. Nous connaissions les petites toiles de ce maître, mais nous avons toujours vivement désiré voir ce
Taureau, peint de grandeur naturelle, parce que, dans
notre pensée, il devait nous donner le dernier mot sur·le
talent du célèbre animalier hollandais. Car, ce que nous
avons vu dans nos voyages, nous engage à nous tenir en
garde contre les récits et les jugements publiés, surtout en
matière d'art. Nous avons donc été très-heureux de trouver au Musée des copies un si précieux fac-simile de l'œuvre capitale de Paul Potter. Cette copie est exécutée avec
une telle conscience, que c'est pour nous comme si nous
avions la peinture originale sous les yeux. Le *Taureau*,
sujet principal, occupe le centre du cadre, il regarde le
spectateur ; près de lui, des moutons et une vache sont
étendus à l'ombre d'un arbre, derrière lequel se tient un
vieux paysan, leur gardien ; tout le reste du troupeau,
moutons, vaches et taureaux microscopiques, est dispersé
dans une immense prairie à perte de vue, et tout cela admirablement peint. Aussi ce qui nous a le plus impressionné,
ce que nous avons le plus admiré, ce n'est pas le *Taureau*,
c'est le paysage, non la partie du premier plan, mais le
lointain. Nous ne connaissons rien de plus fin, de plus fait,
de plus vrai, de plus beau. Et M. G. Duplessy s'est montré
un juge sincère en disant que dans ce tableau « le paysage
des derniers plans lui paraissait mériter *au moins* autant
d'éloges que les animaux eux-mêmes. »

Le centre du quatrième panneau de cette salle est
occupé par une grande composition d'un peintre fla-
mand : *les Officiers du tir de Saint-Georges*, de Frans

____

(1) Potter (*Paul*), né à Enkhuizen, en 1625, mort à Amsterdam, en
janvier 1654. Son père, Pierre Potter, peintre médiocre, lui enseigna les
premières notions de son art.

Hals (1), copie de M. Vollon d'après le tableau de l'Hôtel de
ville de Harlem. Ici, comme dans la toile de Van der Helst,
citée plus haut, c'est encore un repas de corps. Tous les personnages sont aussi de grandeur naturelle ; la vie, le mouvement règnent dans ces groupes de bons Flamands. Le coloris
est frais, puissant, la facture large, hardie. Frans Hals, dit
Bürger, fut un des plus libres et des plus hardis praticiens
de toutes les écoles, et comme portraitiste il n'eut de supérieur que Van Dyck, qui répétait souvent que Hals eût été
le plus grand portraitiste s'il avait pu rendre sa peinture
plus douce, plus harmonieuse. L'anecdote suivante montre
combien il appréciait le talent de Frans Hals : lorsque Van
Dyck fut déterminé à passer en Angleterre, il alla exprès à
Harlem pour y voir Hals. Inutilement se présenta-t-il chez
lui, celui-ci était constamment au cabaret. Le peintre
d'Anvers lui fit dire que quelqu'un l'attendait pour se faire
peindre. Dès que Hals fut arrivé, Van Dyck lui dit qu'il
était étranger, qu'il voulait son portrait, mais qu'il n'avait
que deux heures à lui donner. Hals prit la première toile
venue, arrangea sa palette assez mal, et commença à
peindre ; peu de temps après il dit à Van Dyck qu'il le
priait de se lever pour voir ce qu'il avait fait ; le modèle
parut fort content de son image, et après avoir causé sur
des choses indifférentes, Van Dyck lui dit que la peinture
lui paraissait assez aisée, et qu'il voulait essayer à son
tour. Il prit une autre toile, et pria Hals de se mettre à la
place qu'il venait de quitter. Celui-ci, d'abord surpris, ne
tarda pas à s'apercevoir qu'il avait affaire à quelqu'un qui
connaissait la palette et son usage. Au bout de peu de temps
Van Dyck le pria de se lever à son tour. Quelle fut sa sur-

(1) Hals (*François Van*), né à Malines, en 1584, mort le 20 août 1666.
Il laissa plusieurs enfants, qui tous se distinguèrent dans la peinture
ou la musique.

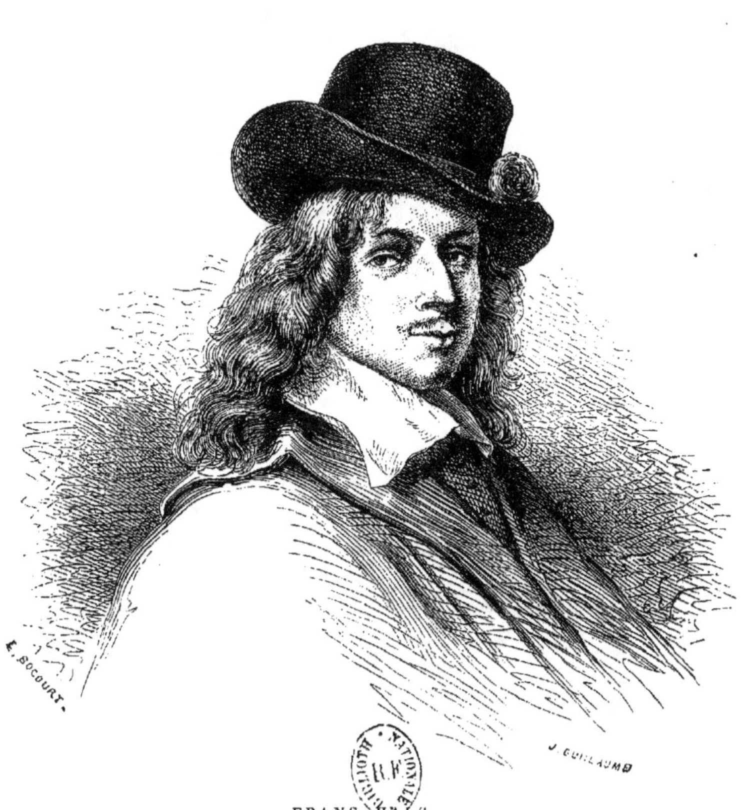

FRANS HALS.

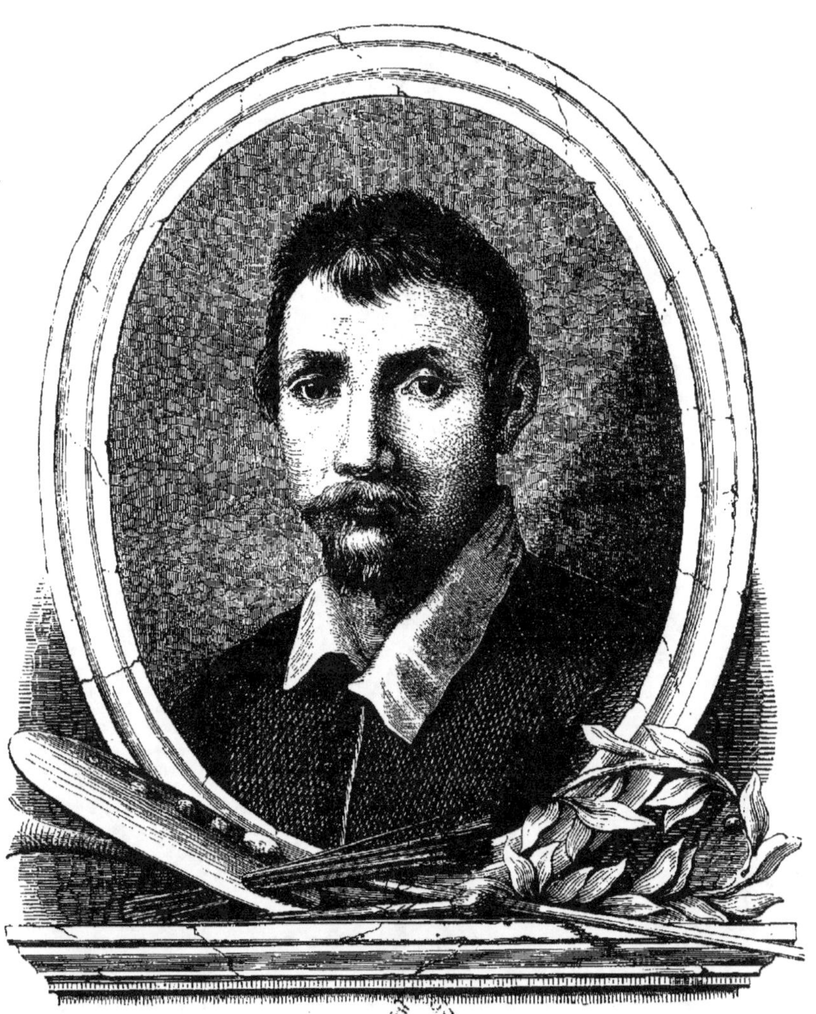

ANNIBAL CARRACHE.

prise ! « Vous êtes Van Dyck, s'écria-t-il en l'embrassant : il
« n'y a que lui qui puisse faire ce que vous avez fait ! » Van
Dyck voulut l'engager à le suivre en Angleterre ; il lui promit
une belle et rapide fortune en échange de sa gêne ; il ne
put rien gagner. Abruti par le vin, Hals répondit qu'il était
heureux et ne désirait pas un meilleur sort. Ils se séparè-
rent avec regret. Jamais Hals ne sortit des Pays-Bas. Delft
et Harlem furent ses séjours de prédilection, et ce fut dans
ces villes qu'il laissa le plus grand nombre de ses ouvrages.

A la droite de ce tableau est une copie de M. Perrin, faite
au Vatican, d'après la *Mise au tombeau*, chef-d'œuvre du
Caravage (1), qui fit partie du Musée du Louvre jusqu'en 1815. Cette peinture, estimée à 150,000 francs, im-
pressionne par la puissance d'effet, la force d'expression, la
vigueur d'exécution, et une vérité de modelé qui faisait
dire à Annibal Carrache que cette peinture était *une ma-
chine à mouler de la chair*. « Mais comment ne pas être
choqué, dit M. Dupays, de cet affreux bossu qui porte le
Christ » et de la laideur des têtes, à l'exception d'une dé-
licieuse tête de femme blonde qui s'essuie les yeux.

A côté de cette toile se trouve le *Martyre de saint
Érasme*, copie de M. Martin d'après le grand tableau du
Poussin (2) au Musée du Vatican. Cet atroce sujet, qui eût
mieux convenu au tempérament de Ribera, lui fut commandé peu de temps après son arrivée à Rome (1624), par

(1) Caravage (*Michel-Ange* Americhi ou Morigi, dit le), né à Caravag-
gio, en 1569, mort en 1609. Il prit goût à la peinture en préparant pour
les fresquistes la chaux et le mortier dont ils se servent pour enduire
le mur sur lequel ils doivent peindre. Sans maître, sans avoir étudié les
ouvrages des grands peintres, il devint habile dans son art. La nature
fut son seul guide, et seule elle lui fournit des modèles.

(2) Poussin (*Nicolas*), né au hameau de Villers, près le Grand-An-
dely (Seine-Inférieure), en 1593 ou 1594, mort à Rome, le 19 novembre

la protection du cardinal Barberini et du commandeur del
Pozzo, pour être reproduite en mosaïque à l'église Saint-
Pierre, en pendant au tableau de son ami Valentin. Le

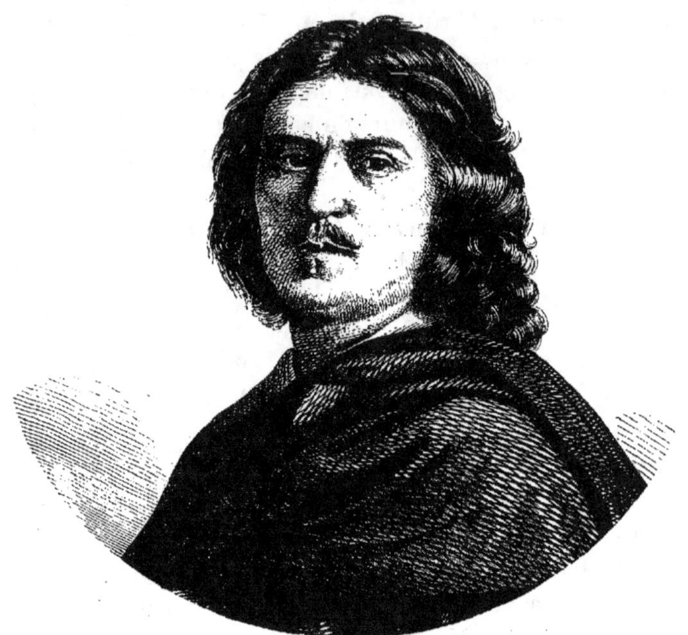

POUSSIN.

saint évêque est renversé sur un escabeau, l'estomac et le
ventre ouverts ; un des bourreaux arrache ses entrailles
sanglantes, tandis qu'un autre les enroule autour d'un
énorme dévidoir. Le martyr est très-beau, la tête se fait re-

1665. Poussin ne pensa jamais à s'enrichir, et un jour que le cardinal
Massimi lui disait : « Je vous plains beaucoup, M. Poussin, de n'avoir
pas seulement un valet. — Et moi, répondit Poussin, je vous plains
beaucoup plus, Monseigneur, d'en avoir un si grand nombre. »

marquer surtout par une noble et profonde expression, et
le joli groupe d'anges apportant les palmes du martyre fait
un heureux contraste à l'horrible supplice. Poussin n'a pas
exécuté un second tableau d'aussi grande dimension : il
aimait à resserrer ses compositions dans un cadre beaucoup
plus petit. — Nous en avons un exemple dans la copie de
M. Stella, d'après la *Bacchanale*, sujet très-complexe tra-
duit sur une petite toile et traité dans la manière claire
que Poussin employait de préférence pour ses Baccha-
nales. Le *Saint Mathieu écrivant* , paysage , copie de
M. Lanoue d'après le Poussin, de la galerie Sciarra, à
Rome, est au contraire d'un ton sombre, un peu trop
noir.

Des deux dernières peintures de cette salle, l'une est une
copie de M. Garnier d'après *le Christ mort sur les genoux*

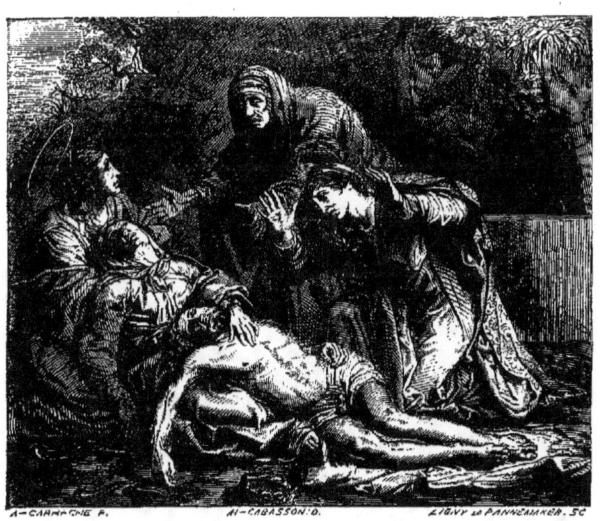

de la Vierge, d'Annibal Carrache, au Musée du Belvé-
dère, à Vienne, peinture dont on admire la grandeur du

style, la correction du dessin, la vigueur du coloris (1). — L'autre, la *Déposition de la croix*, de Ribera (2), copiée par M. Lethière d'après le tableau de l'église San Martino, à Naples. Cette toile d'une couleur si énergique est regardée comme l'œuvre capitale de ce maître.

(1) Carrache ou Carracci (*Annibal*), né à Bologne, en 1560, mort à Rome, en 1609. Il est le plus jeune, le plus célèbre des Carrache, *Augustin*, son frère, et *Louis*, son cousin germain.

(2) Voir page 32, la note biographique.

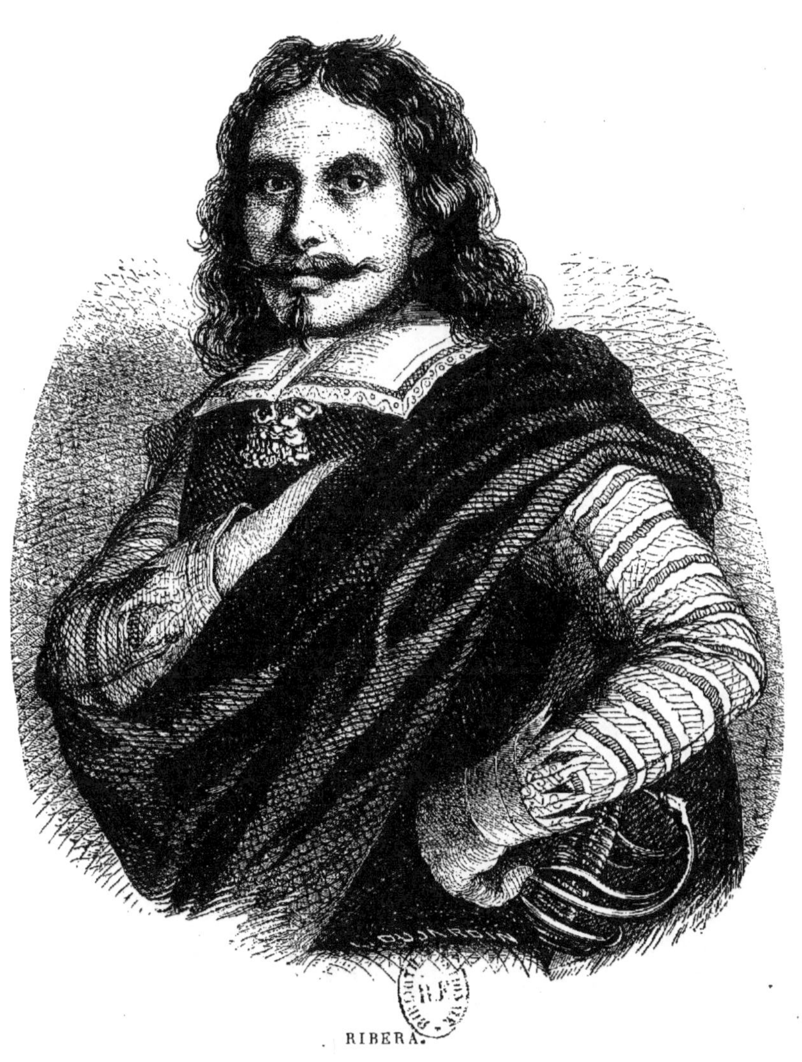

RIBERA.

SALLE SEPTIÈME

Cette salle ne contient pas moins de seize copies d'après
Raphaël, ce qui porte à trente-trois le chiffre des reproductions de ses tableaux dont le Musée du Louvre ne peut
posséder les originaux. La belle copie faite par M. Baudry,
d'après la fresque de Raphaël, au Vatican, *la Jurisprudence
assistée de la Force et de la Modération*, occupe le centre du
panneau à gauche, en entrant. La figure principale de cette
composition allégorique a été pendant longtemps considérée comme représentant la *Prudence ;* mais M. Quatremère de Quincy, dans son ouvrage sur Raphaël, et
M. Gruyer, dans son *Essai sur les fresques de Raphaël au Vatican*, y voient la *Jurisprudence* et motivent victorieuse-
ment leur opinion. Dessous cette fresque sont deux petites
toiles : *la Charité*, copie de M. Miciol, d'après une des grisailles de Raphaël au Vatican, et *la Vision d'Ezéchiel*, composition d'une incomparable grandeur de style dans une
toute petite toile, très-bien rendue par M. Monchablon
d'après le Raphaël de même dimension du musée Pitti, à
Florence.

Puis, sur la même ligne, trois autres copies d'après le

même maître : le *Portrait de Raphaël* peint par lui-même, de la galerie des Offices, copie de Timbal ; — *la Gravida*, copie du même, faite à la galerie du Vatican, et le *Portrait de Madeleine Doni* (1507), copie de M. Mottez, d'après le tableau du musée Pitti, à Florence. Ce portrait, peint par Raphaël à l'âge de vingt-deux à vingt-quatre ans, pour lequel il reçut 300 écus, est intéressant parce qu'il a servi de type pour la *Vierge au chardonneret.* Il fut transporté, en 1788, à Avignon, par une marquise de Villeneuve, épouse d'un Doni, et il y resta jusqu'en 1826, où le grand-duc en fit l'acquisition au prix de 2,500 écus. Le dernier tableau de ce panneau est une copie de M. Timbal, faite à la galerie des Offices, à Florence, du *Portrait d'André del Sarto* peint par lui-même.

Au centre de la première partie du grand panneau, se trouve une ancienne copie d'après une fresque de Raphaël, au Vatican : l'*Apparition de la croix à Constantin pendant une allocution à ses troupes*, qu'il menait combattre Maxence, après avoir pacifié les Gaules. Constantin est couvert d'une armure dorée et du manteau impérial ; debout sur une tribune, il harangue ses soldats, quand apparaît dans le ciel une croix portée par trois anges. Dans le fond on aperçoit la Rome antique avec les imposantes ruines de ses monuments. On croit que cette peinture a été exécutée par Jules Romain d'après les dessins du maître, et que, pour flatter le cardinal Hippolyte de Médicis, l'élève y aura introduit la figure grotesque du nain Gradasso Berettai de Norcia, fou célèbre de la cour de Clément VII. — A la droite de ce tableau est une copie de M. Mottez d'après une peinture antique trouvée à Herculanum et représentant *Pomone ;* — à la gauche, c'est une copie de M. Steuben, d'après le *Portrait de Léon X* (1),

(1) Leon X (*Jean de Médicis*), fils de Laurent le Magnifique, est né à

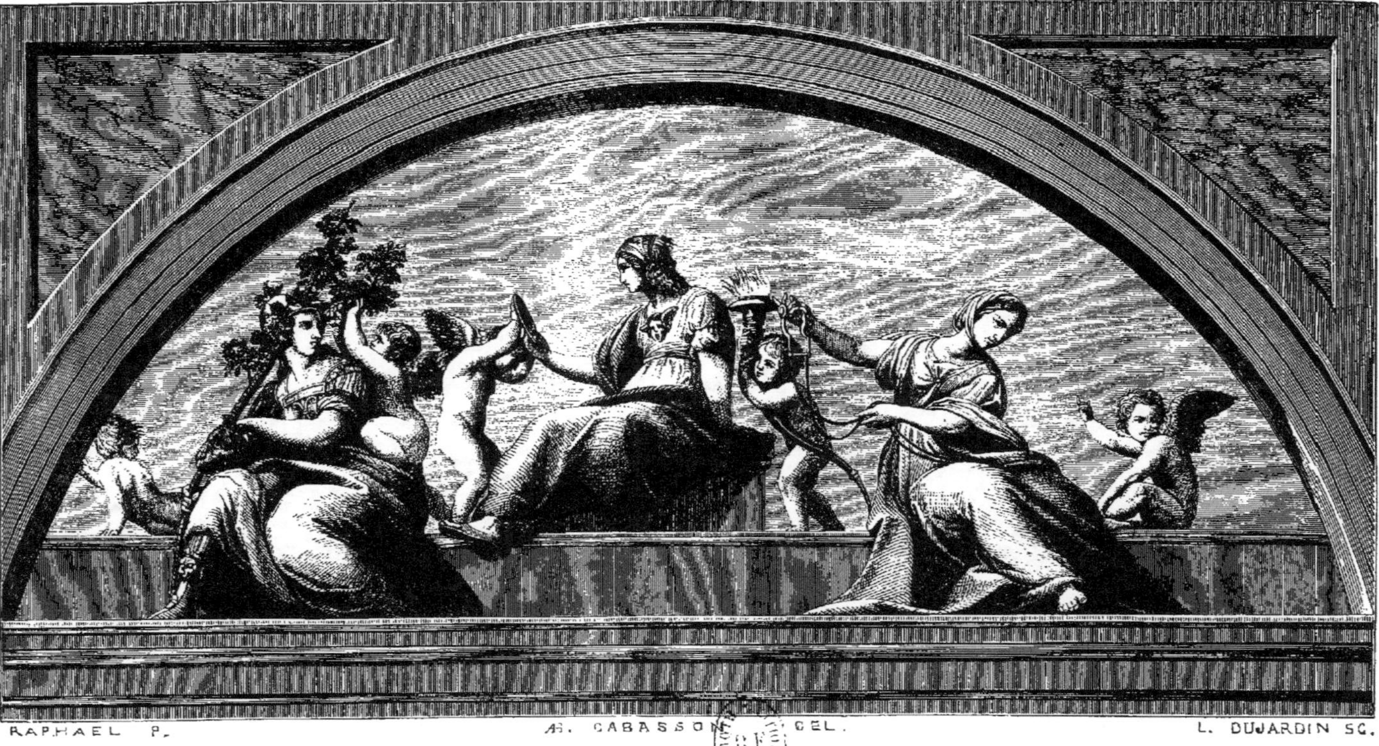

RAPHAEL P. A. CABASSON DEL. L. DUJARDIN SC.

LA JURISPRUDENCE.

par Raphaël, placée à la galerie Pitti, à Florence.

La seconde partie de ce panneau est occupée par trois copies d'après Raphaël ; au milieu, *Saint Paul prêchant à Athènes*, copié par M. Monchablon d'après l'original que possède la galerie de South Kensington, près de Londres. Dans cette composition Raphaël a copié identiquement le saint Paul du tableau de Masaccio que nous avons signalé dans la première salle. C'est de sa part un hommage rendu au talent d'un maître qui l'a précédé de plus d'un siècle. — A la droite de cette grande composition est une jolie copie de M. Mottez d'après l'*Adam et Ève* de Raphaël, des loges du Vatican. Selon Vasari, cette composition serait encore une imitation d'une peinture de Masaccio à l'église *del Carmine*, à Florence : « Raphaël, dit-il, nous a montré l'estime qu'il avait pour ces peintures et le parti qu'il en avait tiré... ses *Adam et Ève* des loges du Vatican sont plus que de simples souvenirs du même sujet traité par Masaccio. » — La dernière copie qui occupe ce panneau est de M. Landelle, un *fac-simile* d'après le fragment d'une fresque de Raphaël à l'Académie de Saint-Luc, à Rome, et représentant *l'Enfant à la guirlande*.

Le troisième panneau de cette salle est rempli par une belle copie de M. Paul Balze d'après le *Triomphe de Galathée*, la plus poétique des compositions, la plus suave des peintures de Raphaël. Cette gracieuse conception est entièrement peinte par le divin maître, à l'exception du groupe de droite où des défauts d'ensemble de dessin révèlent la main de l'un des élèves qui l'aidaient dans l'exécution de ses grands travaux décoratifs. Le sujet est tiré de Philostrate, et le peintre a suivi très-exactement le poëte antique : Galathée, brillante de jeunesse et de beauté, de-

Florence, le 11 décembre 1475, mort à Rome, le 1er décembre 1521. Élu pape le 11 mars 1513. Son règne fut celui des arts et des lettres.

bout sur une conque tirée par des dauphins et conduite
par l'Amour, vogue doucement sur les ondes. Un zéphyr
amoureux caresse son beau corps, déroule ses cheveux et
gonfle les plis de sa draperie de pourpre ; autour de la
conque, des tritons sonnent de leurs conques ou jouent
avec les néréides, qu'ils enlacent de leurs bras musculeux.
La jeune Galathée, inattentive à leurs ébats et chaste
dans sa nudité, porte vers le ciel ses regards pleins d'une
langueur mystique qui semble y chercher l'idéal de l'a-
mour. Il y a dans cette œuvre l'ensemble des qualités de
Raphaël : la beauté, la grâce, le charme et l'*idée*. On sait
qu'au sujet de cette célèbre fresque du palais de la Farnésine, terminée en 1514, Raphaël écrivait au comte de Cas-
tiglione : « Pour ce qui est de la Galathée, je me tiendrais
« pour un grand maître si elle avait seulement la moitié des
« belles choses que votre seigneurie veut bien y trouver,
« mais je dois voir dans vos éloges l'affection que vous avez
« pour moi. Pour peindre une belle femme, il me faudrait
« en voir plusieurs, et à la condition que vous fussiez avec
« moi, pour m'aider à faire un choix. Mais comme il y a
« peu de bons juges et de belles femmes, je suis une cer-
« taine idée qui me vient à l'esprit. Si cette idée porte en
« soi un sentiment élevé de l'art, je ne le sais ; mais je fais
« tous mes efforts pour y parvenir. »

On aperçoit au centre du quatrième panneau de cette
salle l'*École d'Athènes*, la plus noble, la plus imposante
composition de Raphaël, la plus remarquable par l'élévation du style et le grandiose de la mise en scène. « Jamais
aucun peintre avant Raphaël, dit M. Ch. Clément, n'avait
imaginé d'exprimer, dans une œuvre de cette importance,
une idée aussi générale par une allégorie aussi vague, et
c'est par des prodiges d'habileté qu'il a pu rendre intéres-
sante une scène pour ainsi dire sans action et qui ne se

rattache à aucun fait précis. » **M.** Quatremère de Quincy
dit aussi : « Avant l'*Ecole d'Athènes*, la connaissance de
l'antiquité n'était pas encore entrée dans les conceptions
de la peinture. Raphaël n'eut point, dans les artistes qui
le précédèrent, de modèles pour le genre, le style et l'invention de l'*Ecole d'Athènes ;* et l'espèce de divination avec
laquelle il fait revivre ici l'antiquité, est si remarquable,
que ses personnages, tels qu'il les a conçus, ne forment
point d'anachronisme avec l'iconographie antique, telle que
l'ont faite aujourd'hui trois siècles de découvertes.» Mêmes
réflexions de la part de M. Toulgoët : « Ce qui est extra-
ordinaire et admirable, c'est que certains philosophes anciens, représentés dans cette fresque et dont les portraits
n'ont été retrouvés que depuis Raphaël, ont été inventés
par lui avec une divination merveilleuse, et se sont trouvés
d'une ressemblance parfaite. »

Cette vaste composition est celle où Raphaël a mis le
plus à profit ses connaissances en architecture. Cinquante-
deux personnages sont groupés dans cette peinture ; les
principaux sont : au milieu du tableau, Platon et Aristote,
debout, entourés de disciples qui les écoutent religieuse-
ment ; à droite de ce groupe principal, Socrate et ses élèves,
parmi lesquels on distingue Alcibiade, coiffé d'un casque,
la main posée sur le pommeau de son épée, et de l'autre
côté, ce sont les philosophes péripatéliciens. Diogène le
cynique est à demi couché sur les marches du péristyle,
au bas desquelles Pythagore parle à ses disciples. A ses
pieds Arcésilas, appuyé sur un bloc de marbre qui lui sert
de table à écrire, paraît absorbé dans ses réflexions. Derrière le groupe de Pythagore, le jeune homme en manteau blanc est François-Marie della Rovere, duc d'Urbin,
neveu du pape Jules II. Dans le coin opposé, toujours sur
le premier plan, Archimède, sous les traits de Bramante,

trace sur une dalle du pavé une figure de géométrie qu'il explique aux jeunes gens qui l'entourent. Près de lui sont Ptolémée et Zoroastre, tenant chacun une sphère, et derrière eux se trouvent Raphaël et son maître Pérugin. Cette admirable fresque, terminée en 1511, est malheureusement très-altérée et menace de disparaître entièrement si l'on n'y apporte les plus grands soins ; aussi devons-nous nous estimer heureux d'en posséder une ancienne et bonne copie.

Cette salle contient encore trois copies d'après Raphaël : *la Vierge au poisson*, de M. Becker, d'après l'original que possède le Musée de Madrid ; — *Mercure enlevant au ciel Psyché, fiancée de l'Amour*, copie de M. Murat, et *Jupiter embrassant l'Amour, à qui il permet d'épouser Psyché*, deux fresques du palais de la Farnésine. La dernière est un chef-d'œuvre de grâce juvénile et d'expression de tendresse paternelle. — *La Déposition de la Croix*, copie de M. Chartran, d'après le tableau d'André del Sarto, de la galerie Pitti, à Florence, est la dernière peinture de cette salle, si riche en chefs-d'œuvre. On retrouve dans cette toile la grâce, l'expression vraie, la correction du dessin (qui a valu à ce maître le nom d'*André sans reproche*), l'élégant agencement des draperies, et le fini de l'exécution, qualités qui font reconnaître sa peinture à première vue. André del Sarto fut aussi un incomparable copiste ; il a reproduit le portrait de Léon X, de Raphaël, avec une telle exactitude, que Jules Romain lui-même, qui avait travaillé à ce portrait, ne put distinguer l'original de la copie.

Après avoir vu toutes ces belles reproductions des chefs-d'œuvre des grands maîtres qui ont porté la peinture au plus haut degré de perfection, on s'étonne de trouver un ou deux artistes mêlés aux personnes qu'un esprit de parti

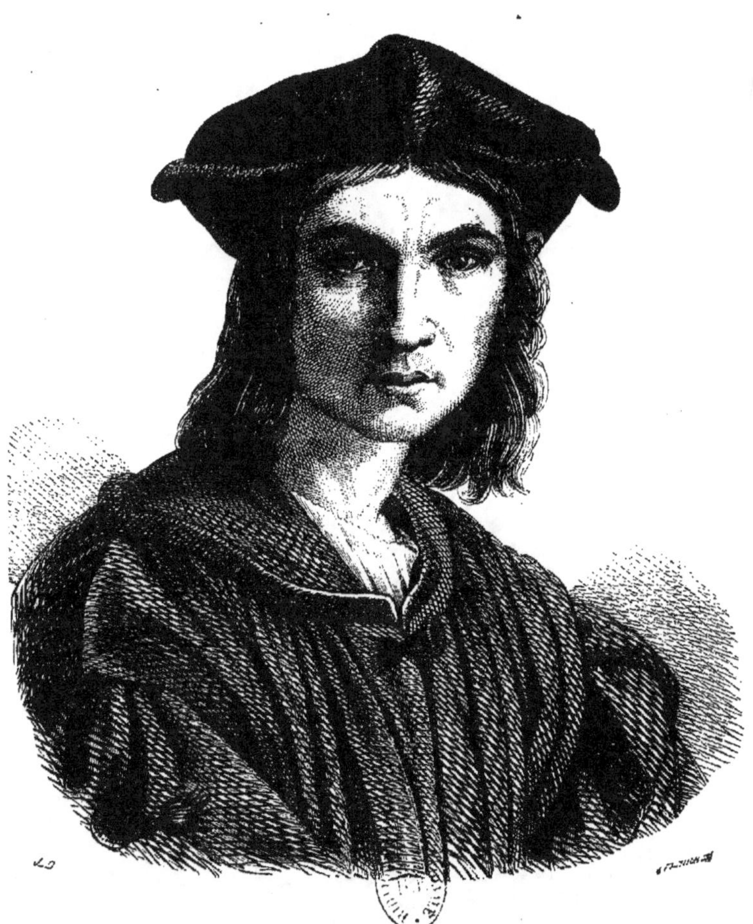

ANDRÉ DEL SARTO.

pousse à dénigrer le Musée des copies. Un d'entre eux, haut placé dans les arts, homme de métier plutôt que d'imagination, esprit rusé plutôt qu'éclairé, nous disait un jour à propos du Musée des copies : « En voilà une bêtise ! — Ah ! reprîmes-nous, vous avez visité ce Musée ? — Ma foi non, et n'en ai pas l'envie. — Mais vous avez été à Venise ? — Sans doute. — Vous y avez vu le *Martyre de saint Pierre, dominicain,* du Titien ? — Je le crois bien ! une admirable toile détruite malheureusement par un incendie. — Vous connaissez aussi les peintures de la chapelle Sixtine ? — Parbleu ! puisque j'ai été pensionnaire de l'école de Rome. Quelles pages puissantes ! Malheureusement elles sont bien dégradées ; elles s'effacent tous les jours davantage, et bientôt elles auront le même sort que le chef-d'œuvre du Titien, il n'en restera plus trace. — Vous vous trompez, répondîmes-nous ; quand les fresques de la chapelle Sixtine auront disparu sous les couches de noir de fumée des cierges et sous l'action de l'humidité, c'est à Paris qu'on viendra les étudier, les admirer. — A Paris !.. où ça ? — Au Musée des copies, où se trouvent aujourd'hui une ancienne et belle copie du tableau du Titien, brûlé à Venise, et de bonnes et fidèles copies des peintures de Michel-Ange à la chapelle Sixtine. Vous voyez que la création d'un Musée des copies a bien son utilité. » Notre confrère se gratta l'oreille ; il n'y avait rien à répliquer.

Nous félicitons donc M. le Directeur des Beaux-Arts de l'activité qu'il a mise à organiser et à installer convenablement ce nouveau Musée, et aussi d'avoir eu la bonne pensée de placer, au bas de chaque cadre, un écusson contenant le sujet du tableau, le nom de son auteur, l'école à laquelle il appartient, la date de sa naissance et celle de sa mort, le lieu où se trouve la peinture originale, et le nom de l'auteur de la copie qu'on a sous les yeux. C'est rendre service aux visiteurs qui ne peuvent acheter un catalogue, c'est de l'instruction gratuite, et c'est ainsi qu'il devrait en être pour toutes les collections de l'État.

LISTE ALPHABÉTIQUE

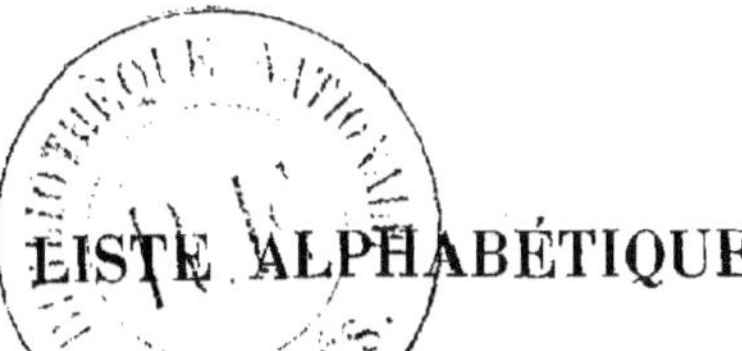

DES NOMS DES MAITRES DONT LES OUVRAGES SONT REPRODUITS
AU MUSÉE EUROPÉEN DES COPIES.

LISTE ALPHABÉTIQUE